Inhalt

Einführung	**5**
1. Im Home-Office effektiver arbeiten	**13**
1.1 Den eigenen Arbeitsbereich festlegen	14
1.2 Den Tag strukturieren	17
1.3 Den Fokus auch im Home-Office halten	26
1.4 So bleibst du im Home-Office flexibel	32
1.5 Den Kontakt halten	36
1.6 Arbeitsmittel für die Zusammenarbeit	39
1.7 Die Isolation überwinden	42
1.8 Wie du die Büropolitik aus der Ferne steuerst	45
2. Remote-Mitarbeiter einstellen	**49**
2.1 Die Stellenausschreibung	50
2.2 Vorstellungsgespräch für eine Remote-Stelle	51
3. Virtuelles Onboarding und Training	**57**
3.1 Virtuelles Onboarding	58

3.2 Was ist virtuelles Onboarding?	59
3.3 Pre-Onboarding	63
3.4 Der erste Tag	68
3.5 Die erste Woche	72
3.6 Die erste Zeit	74
3.7 Tipps und Tricks	76
4. Führung virtueller Teams	**81**
4.1 Führen von Mitarbeitern auf Distanz	85
4.2 Vertrauen aufbauen	88
4.3 Normen und Regeln vereinbaren	91
4.4 Förderung von Gleichheit und Transparenz	94
4.5 Gute Leistungen erkennen und belohnen	96
4.6 Persönliche Treffen	99
4.7 Die verbindende Rolle der Führungskraft	102
4.8 Teamziele	107
4.9 Virtuell Feedback geben	110
4.10 Veränderung kommunizieren	112
4.11 Wie hybride Arbeit aussehen könnte	116
5. Meetings und Workshops virtuell erfolgreich gestalten	**121**
5.1 Grundlagen	121
5.2 Das richtige Tool	125
5.3 Verhalten	127
5.4 Ein Wir-Gefühl fördern	129
5.5 Lege das Ziel des Meetings fest	131

5.6 Die Agenda	134
5.7 Effektiv in Meetings sein	136
5.8 Virtuelle Meetings perfekt moderieren	138
5.9 Hybride Meetings	141
5.10 Zoom-Fatigue	142
5.11 Webcam	148
5.12 Ad-hoc-Meetings	150
5.13 Ein virtuelles Meeting in der Spur halten	151
5.14 Das Meeting beenden	153

6. Culture eats strategy for breakfast – virtuell eine Kultur einführen — **157**

6.1 Warum überhaupt ein Teambuilding?	158
6.2 Was die Teamkultur alles beeinflusst	163
6.3 Warum Teams einen Purpose brauchen	167
6.4 Beispiele für einen Team-Purpose	171
6.5 Den Purpose definieren	173
6.6 Die Teamflagge	176
6.7 Dein Beitrag zum Team	178
6.8 Wie du wirkst	182
6.9 Status quo	186
6.10 Was ist ein Team?	189
6.11 Dein Team ins Boot holen	193
6.12 Die richtigen Menschen einstellen und behalten	195
6.13 Wie du Transparenz einführen kannst	197
6.14 So werdet ihr ein flexibleres Team	200

6.15 Eine Feedback-Kultur einführen	201
6.16 Nie stillstehen	205
6.17 Herzlichen Glückwunsch	209
Schlusswort	**213**

Einführung

Als wir 2016 auf Wunsch der Mitarbeiter die Möglichkeit des Home-Office einführen wollten, lief in Teilen unser mittleres Management Sturm. Ein paar Jahre später, während eines Workshops bei einem Kunden, wünschten sich auch dort die Führungskräfte verbindliche Anwesenheitszeiten, sprich Kernarbeitszeiten.

Nun, am Ende von 2021 lässt sich klar erkennen, dass man viel mehr gewinnen kann, wenn man Home-Office richtig einsetzt. Wenn man ein paar Punkte beachtet.

Seit wann gibt es überhaupt das Home-Office und warum wurde es eingeführt?

Jack Nilles gilt als der Erfinder. Er arbeitete 1973 an der USC (University of Southern California), eine Universität mit vielen Kontakten in die Wirtschaft. So auch zu einer Versicherungsgesellschaft. Diese Versicherungsgesellschaft interessierte sich zuerst nicht für seine verrückte Idee, Telearbeitsplätze, also Arbeitsplätze abseits des eigentlichen Büros, einzuführen. Sie war allerdings sehr daran interessiert, die **Fluktuationsrate** ihrer Mitarbeiter, die bei etwa einem Drittel lag, zu reduzieren und gleichzeitig die Kosten für teure Büros zu senken. Die Firma musste jedes Jahr neue Mitarbeiter einstellen, von denen die meisten Mitarbeiter in der Datenerfassung angestellt waren. Das Problem war, dass die Büros in der Innenstadt von L.A. immer teurer wurden und so auch der Wohnraum. In der Folge mussten die Mitarbeiter immer größere Distanzen pendeln. Also schlug Jack vor, Büros in der Nähe der künftigen Angestellten, außerhalb von L.A., zu gründen.

Es wäre 1973 zu teuer gewesen, den Mitarbeitern zu Hause Computer zu geben.

Damals hatte man hauptsächlich gigantische Terminals, die nur mit einer sehr langsamen Datenverbindung angeschlossen werden konnten. Die Kosten für die Datenübertragung wären riesig gewesen.

Aber wenn die Mitarbeiter zu Fuß, mit dem Fahrrad oder dem Bus zu einer nahen Außenstelle fernab von L.A. kämen, könnten sie einen Minicomputer verwenden. Die Datenübertragung kann dann nachts erfolgen. Das hatte das Problem gelöst.

Die Produktivität dieser Mitarbeiter stieg um 18%, die Fluktuationsrate ging auf null. Der erste Telearbeitsplatz war erfunden.

Technologisch gesehen kannst du bereits seit Jahren mit anderen Menschen über nahezu jede Distanz interagieren. In einer meiner Firmen, die über vier Standorte verteilt war, haben wir erfolgreich Zoom eingeführt. Zoom begleitet mich seitdem überall, wobei auch Microsoft Teams, Webex oder andere Anbieter inzwischen passable Lösungen im Angebot haben.

Erster Trugschluss: Ein persönliches Treffen ist nicht mehr notwendig.

Denn die Interaktion auf Distanz ist im Allgemeinen viel schwieriger als die Kommunikation von Angesicht zu Angesicht –

und das vergessen wir manchmal.

Es fehlen z. B. die wichtigen **informellen Gespräche** auf den Fluren oder in den Büros. Es fehlen auch alle Hinweise zur Körpersprache, die bei persönlichen Treffen auftreten. Mitarbeiter können Gefühle von Frustration, Hochgefühl oder Verwirrung, die eine bestimmte Situation manches Mal begleiten, am Telefon und auch per Video die nicht wahrnehmen.

Kurz gesagt, Home-Office-Mitarbeiter haben ein ziemlich begrenztes und zweidimensionales Fenster.

Die Organisationen und die Kommunikation muss sich von „Beobachtung" zu „Erkundung" verlagern.

Mit anderen Worten: Statt anzunehmen, dass deine Mitarbeiter schon mitbekommen werden, was wichtig ist (und das geht nicht, wenn sie nicht physisch anwesend sind), musst du eine Menge von Werkzeugen anbieten, seien es nun Instant Messaging wie Slack, WhatsApp oder iMessage, seinen es Video- oder Webmeetings oder aber Cloud-basierte Projektmanagement- und Collaboration-Tools um nur einige zu nennen. Dann bleiben deine Kollegen auch auf dem Laufenden.

Du als Führungskraft musst deine Verhaltensweisen ändern und bei den Mitarbeitern den Teil „Erkundung" fördern. Was ist damit gemeint? Du musst proaktiv & regelmäßig deine Home-Office-Mitarbeiter kontaktieren, um wichtige Informationen auszutauschen. Deine Mitarbeiter am anderen Ende der Leitung müssen ermutigt werden, Fragen zu stellen, wenn sie etwas nicht verstehen. Machst du das schon? Prima!

Mit anderen Worten, du musst aktiv das Phänomen „Aus den Augen, aus dem Sinn" überwinden, weil es deinen Home-Office-Mitarbeitern erschweren kann, als erfolgreicher, integrierter Teil des Teams zu arbeiten. Sie werden schlichtweg vergessen und fühlen sich auch vergessen.

Mitarbeiter und Organisation neigen dazu, die Vorteile des Arbeitens von zuhause aus überzubewerten und die Herausforderungen zu unterschätzen. Während die Vorteile erheblich sein können – reduzierte Kosten, insbesondere für Büroflächen, höhere Motivation, erhöhte Produktivität –, sind die Herausforderungen gewaltig. Wer schon selbst im Home-Office gearbeitet hat, weiß, dass zusätzlich zu den oben erwähnten Kommunikationsproblemen eine der Hauptschwierigkeiten des Home-Office darin besteht, **das Gefühl der Isolation zu überwinden.**

Der Mensch ist ein soziales Wesen. Im Allgemeinen fühlt und arbeitet er besser, wenn er mit anderen Menschen zusammen ist. Gespräche und Videokonferenzen können helfen, dieses Problem zu lösen, aber man muss als Führungskraft mehr tun.

Am wirkungsvollsten überwindet man die Isolation des Home-Offices, indem man die Menschen persönlich zusammenbringt. Doch den meisten Firmen ist dieses „Get-together" zu teuer. Ich kann aus eigener Erfahrung sagen: Die Vorteile sind dennoch enorm. Als einer der Geschäftsführer der beiden Firmen Comvel GmbH und tropo GmbH hatte ich eine Hauptniederlassung in München, eine Hauptniederlassung in Hamburg und jeweils eine Außenstelle in Köln und Leipzig. Wir brachten jedes Jahr mindestens einmal alle zu einem persönlichen Treffen zusammen, eine Kombination aus Zusammenarbeit und Spaß. Und ja, es war teuer, fast 200 Mitarbeiter zusammenzubringen. Aber wir haben festgestellt, dass diese Gelegenheiten eine Beziehung unter den Mitarbeitern aufbauten, ein Gefühl von „uns" schufen. Erst das hat es uns ermöglicht, den Rest des Jahres effizienter und besser zusammenzuarbeiten.

Denke auch daran, dass im Home-Office niemand da ist, um zu sehen, was die Mitarbeiter tun ... dabei sind alle Menschen, auch die diszipliniertesten, im Home-Office oft von Ablenkungen umgeben. Wenn man von zu Hause aus arbeitest, können das Umfeld, die Kinder, die Haustiere, die Partner, sogar Nachbarn einen ablenken – ganz zu schweigen von Fernseher und von Kühlschrank. Wenn man also nicht extrem konzentriert und organisiert ist, kann es schwierig werden, so produktiv zu sein wie in einem Büro voller Kollegen.

Da hilft es, Schulungen zu Zeitmanagement und Priorisierung anzubieten und sicherzustellen, dass man als Führungskraft seine Mitarbeiter dabei unterstützt, das Gelernte zu nutzen.

Als Führungskraft muss man außerdem **neue Wege finden, um die Produktivität zu messen.** Die meisten Menschen sind motiviert, wenn sie regelmäßig Feedback erhalten, dass sie gute Arbeit leisten. Und hier kommt die Herausforderung: Es ist schwieriger, Feedback zu erhalten, wenn man im Home-Office arbeitet. Das liegt unter anderem daran, dass es schwieriger ist zu messen, wann „Home-Office-Arbeit" gut erledigt wird – viele Standardmaße der Produktivität beziehen nämlich physische Präsenz mit ein: pünktlich zur Arbeit zu gehen, x Stunden zu arbeiten, auf persönliche Anfragen sofort zu reagieren.

Unternehmen mit Home-Office-Programmen sollten ergebnisorientierter messen: z. B. der Prozentsatz der Aufgaben, die pünktlich erledigt werden oder z.B. Steigerung der Kundenzufriedenheit.

Die Erstellung dieser Produktivitätsmessgrößen außerhalb der gängigen Arbeitszeit ist für die Arbeitsmoral der Mitarbeiter von entscheidender Bedeutung und ermöglicht es, sowohl die Effektivität des Home-Office-Arbeitsprogramms zu messen als auch Erkenntnisse darüber zu gewinnen, wie es sich verbessern lässt.

Natürlich sind alle diese Ideen und Ansätze auch auf herkömmliche Büroarbeitsplätze anwendbar.

Das Coronavirus hat uns gezeigt, in welcher Geschwindigkeit wir heute reagieren müssen. Wie sich unser Arbeitsleben rasanter denn je verändert. Wir sind immer mehr auf Technologie angewiesen, um Arbeit zu leisten. Wir müssen uns unserer Kommunikation stärker bewusst werden – organisierter und fokussierter und vor allem klarer darüber, wie messbarer Erfolg aussieht.

Seit mehr als 20 Jahren wechsle ich organisationstechnisch regelmäßig zwischen Anwesenheit, hybrider Arbeitsweise (also teils im Büro, teils remote) und vollständig remote hin und her. Ich habe sowohl Teams als auch ganze Firmen remote oder hybrid geführt. Erst die Pandemie hat mir persönlich gezeigt, wie viel Luft nach oben ich noch habe. Gab es bis dahin fast bei jeder Form der Remotearbeit immer irgendwie und irgendwann die Möglichkeit, sich auch mal persönlich zu treffen, war das nun über einen Zeitraum von 18 Monaten nicht mehr gegeben. Hier trennte sich der Weizen von der Spreu – auch für mich. Plötzlich hatte ich enorme Schwierigkeiten. Schwierigkeiten, die ich letztendlich überwinden musste und die den Ausschlag zu diesem Buch gegeben haben. Denn ich war nicht alleine.

Früher habe ich an jedem Ort im Haus gearbeitet. Das war meine persönliche Form des Tapetenwechsels. Doch dann war ich nicht mehr alleine. Wir waren zu viert. Alle vier „arbeiteten" im Home-Office oder betrieben Homeschooling. Unser jüngster Sohn ging noch in den Kindergarten und benötigte nun die volle Aufmerksamkeit seiner Eltern – er war ja „arbeitslos". Wie man sich im Home-Office einrichtet und verhält, damit die Produktivität oben bleibt, ohne dass das Zusammenleben leidet, behandelt das erste Kapitel.

Während der Pandemie habe ich mehr als 10 Mitarbeiter eingestellt und ongeboardet. Sowohl das Einstellen als auch das Onboarden ging zu Anfang gehörig schief. Auch die Firma, für die ich arbeitete, musste eine steile Lernkurve hinlegen. Meine Erfahrungen findest du im zweiten und dritten Kapitel, in denen es um Einstellung und Onboarding geht.

Viele Führungskräfte haben im Home-Office festgestellt, dass sie „plötzlich viel mehr Zeit für das Zwischenmenschliche brauchen". Ich würde darauf antworten: „Du hättest auch vorher viel Zeit für das Zwischenmenschliche gebraucht, wenn du es richtig gemacht hättest." Wie Führung von Mitarbeitern hybrid und remote erfolgreich funktioniert, besprechen wir in Kapitel 4.

Ein wesentliches Mittel der Führung ist die Kommunikation via Meetings. Eine besondere Herausforderung – nicht nur wenn das Meeting hybrid ist. Darum geht es in Kapitel 5.

Kapitel 6 behandelt dann die absolute Notwendigkeit auch für deine Remote-Mannschaft Team Buildings durchzuführen. Vertrauen ist die Basis von Führung. Vertrauen klappt nur, wenn man sich (wert-)schätzt und kennt. Darum geht es unter anderem hier.

Dies nur als kurzer Einstieg in das Thema Arbeiten und Führen auf Distanz. Wie du im Home-Office besser klarkommst, unabhängig davon, ob du ein Team zu führen hast oder nicht, lernst du gleich im ersten Kapitel. Alle weiteren Kapitel sind speziell für Führungskräfte relevant. Ich gebe dir, neben weiteren Tipps zum virtuellen Führen eines Teams, Anregungen und Hinweise zum Onboarding neuer Teammitglieder, zur erfolgreichen Gestaltung von Meetings sowie zum Thema Teambuilding. Viel Freude beim Lesen des Buches und beim Arbeiten und Führen auf Distanz!

Zur leichteren Lesbarkeit habe ich in diesem Buch weitgehend auf geschlechtsspezifische Differenzierungen verzichtet und personenbezogene Nomen meist in männlicher Form geschrieben. Mit dieser neutralen Formulierung spreche ich ohne jegliche Diskriminierung alle Menschen gleichermaßen an.

KAPITEL 1

Im Home-Office effektiver arbeiten

Dieses Kapitel beschäftigt sich damit, wie man im Home-Office dieselbe Produktivität erreicht wie im Büro. Ich erkläre, wie man den Fokus nicht verliert und eine Struktur in den Tag bringt.

Unternehmen wie Angestellte müssen ihre Komfortzone verlassen, um nicht nur herauszufinden, wie sie von zuhause aus arbeiten können, sondern auch, wie sie neue Technologien nutzen, sich anpassen und schließlich innovativ sein können.

Allmählich erkennen wir, dass Home-Office und Remote Work, auch wenn der Anfang schwerfallen mag, in vielen Fällen effizienter und effektiver sein kann als die herkömmliche Arbeitsweise – vorausgesetzt sie werden gut umgesetzt. Die standardisierte Struktur der Arbeitszeit von 9.00 bis 18.00 Uhr ist ein traditionelles System, das aus den Arbeitsweisen der industriellen Revolution hervorgegangen ist. Bis jetzt gab es noch nie einen Grund, diesen Standardarbeitstag in seinen Grundfesten zu hinterfragen.

Dabei ist die eigentliche Frage: Was ist der richtige Weg? Wie können wir und unsere Unternehmen in dieser neuen Welt des Arbeitens erfolgreich sein? Was braucht man, um erfolgreich im Home-Office arbeiten zu können? Was muss man beachten?

Auf den folgenden Seiten beschäftigen wir uns damit, was jeder, der im Home-Office arbeitet, selbst machen sollte.

1.1 Den eigenen Arbeitsbereich festlegen

Wenn man von zu Hause aus arbeiten möchte, sollte man einen eigenen Platz dafür haben. Das ist deshalb notwendig, weil die meisten Menschen sonst nicht produktiv arbeiten können. Ein gleichbleibender, organisierter, gut strukturierter Raum, der nur zum Arbeiten da ist, ist sehr hilfreich.

Dieser Platz signalisiert dir, dass es jetzt Zeit ist zu arbeiten. Zeit, sich zu konzentrieren. Auch alle anderen in der Familie wissen, wenn du an diesem Ort sitzt, dass du jetzt arbeitest. Und außerdem ist es ganz gut, dass du dein ganzes „Geraffel" an einem Ort hast: Kabel, Papiere, Stifte, Post-its, was du halt so brauchst.

Der Mix zwischen Sofa und Arbeitsplatz ist genau das Problem.

Der beschert die Ablenkung, die du nicht haben solltest. Ablenkung wird es dir schwerer machen, deinen Zeitplan einzuhalten.

Überleg einmal: Wenn du Kinder hast und du sitzt einmal am Esstisch oder ein anderes Mal an einem Schreibtisch und das nächste Mal auf dem Sofa ... Woher sollen die anderen wissen, ob du jetzt nur daddelst, ganz normale private Dinge am Computer oder Laptop erledigt oder tatsächlich arbeitest?

Frage dich also:

- An welchen Orten in meiner Wohnung kann ich am bequemsten arbeiten?

- Wo gibt es natürliches Licht?

- Wo werde ich am wenigsten abgelenkt?

- Falls mehrere in der Familie zuhause arbeiten, egal ob Erwachsene oder Kinder, können wir dann im selben Raum mit Kopfhörern arbeiten oder braucht jeder von uns einen eigenen Raum oder so viel Abstand wie möglich?

- Ist der Raum angenehm temperiert? Oft ist es so, dass es oben ziemlich warm ist, und im Keller ist es kalt. Allerdings bedeutet warm und kalt für jeden etwas anderes. Der Punkt ist, dass du in einem Raum arbeiten möchtest, in dem die Temperatur dich nicht ablenkt.

Dann versuche Folgendes: überleg dir, ob du deine Möbel umstellen solltest, um einen bequemeren Arbeitsraum zu schaffen. Richte dir deinen Arbeitsplatz so ein, als wäre er dein Arbeitsplatz wie im Büro mit deiner Lieblings-Pflanze oder auch mit einem Bild deiner Liebsten. Halte Stifte, Post-its, Notizblöcke und alles, was du regelmäßig brauchst, immer bereit.

Falls allerdings dein Arbeitsplatz gleichzeitig auch dein Essplatz und somit der Ess- oder Spielbereich der anderen ist, dann tu dir bitte am Ende eines Arbeitstages einen Gefallen:

Pack deine Sachen in einen Schuhkarton oder einen Behälter. Warum? Na ja, alle sehen, du bist jetzt fertig, die Arbeit ist vorbei. Es signalisiert dir selbst, dass die Arbeit vorbei ist und deine Familienmitglieder oder Mitbewohner werden es dir danken, dass du nicht dein ganzes Zeug auf dem Esstisch liegen lässt.

Nachdem du einen passenden Raum ausgesucht hast, musst du ihn noch richtig einrichten.

Folgende Dinge sollten griffbereit sein:

- Büromaterialien,
- ein hochwertiger Stuhl,
- ein Schreibtisch,
- zusätzlicher Stauraum,
- ein Computer und
- ein Drucker in Business-Qualität.

Der Stuhl ist ein höhere Investition wert. Es reicht nicht, sich auf einem normalen Stuhl zu setzen. Das würdest du im Büro auch nicht machen. Besorg dir etwas Bequemes, das deinen Rücken stützt, und dein Körper wird es dir danken.

Um wirklich produktiv zu arbeiten, solltest du zusätzlich zu deinem Laptop einen externen Monitor verwenden. Sie sind heute sehr erschwinglich, und ein zusätzlicher Monitor macht es so viel einfacher, mehrere Aufgaben und Projekte zu erledigen.

Du hast deinen Arbeitsplatz so eingerichtet, dass er produktiv ist, aber jetzt willst du ihn auch noch personalisieren. Da weiß jeder selbst, was für ihn am schönsten ist, sei es ein Bild von deinem Lieblingssportteam, Fotos von deinem letzten Urlaub oder vielleicht von deinen Kindern, eine Pflanze, ... Denk an Dinge, die dich zum Lächeln bringen und dir ein positives Gefühl geben, und füge sie dann zu deinem Arbeitsbereich hinzu.

Zusammenfassend: Nicht jeder Platz in deiner Wohnung ist ein guter Arbeitsbereich. Wähle den richtigen Ort aus, statte ihn mit den wichtigsten Arbeitsmaterialien aus und personalisiere ihn.

Übung

Überprüfe deinen Arbeitsbereich.

Nimm dir etwas Zeit, beherzige die Tipps und richte ihn richtig ein. Wenn du möchtest, lade ein Foto davon in unseren Slackchannel hoch. Zugang erhältst du, wenn du mir eine E-Mail unter <u>slack@mitarbeiterfuehren.com</u> schreibst.

1.2 Den Tag strukturieren

Warum ist Struktur so wichtig?

Ganz einfach: Wenn du deinen Tag strukturierst, bekommst du einen Plan, was du erreichen willst und eine Antwort am Abend auf die Frage: „Was habe ich heute überhaupt geschafft?" Ein solcher Plan gibt dir nicht nur die Möglichkeit, deine Ziele in einer bestimmten Zeitspanne zu erreichen, sondern schafft auch einen gesunden (und dringend benötigten) Rahmen, der dir hilft, den Arbeitstag zu beenden und für die Nacht „abzuschalten".

Ein weiterer, weniger offensichtlicher Vorteil der Strukturierung deines Tages ist, dass er tatsächlich Stress und Angst reduzieren kann. Angst ist im Kern die Angst vor dem Unbekannten. Und einer der besten Wege, Angst zu beherrschen, ist es, einen detaillierten Plan zu erstellen. Wenn du dich daran hältst, wird die Strukturierung deines Tages zur Routine, die zumindest einen Teil deiner täglichen Unbekannten ausschaltet.

Schließlich hilft dir die Strukturierung deines Tages, fokussiert und auf Kurs zu bleiben. Alles, was es braucht, ist ein wenig Disziplin und Planung, um deinen Geist und Körper davor zu bewahren, sich zu lange Ablenkungen und Langeweile hinzugeben. Sei versichert, du kannst (und solltest) immer noch lustige Dinge in deinen Tagesplan einbauen, um die Monotonie zu durchbrechen, wie eine 15-minütige Meditation oder einen Spaziergang mit deinem Hund! Kleine mentale Pausen über den Tag verteilt sind nicht nur gut für dich, sondern auch für deine Arbeit.

Also, der erste Schritt für erfolgreiche Remote-Arbeit ist, einen durchdachten Plan für die Struktur deines Tages aufzustellen.

Im Büroalltag ist die Struktur eines Arbeitstages im Wesentlichen vorgegeben. Es gibt einen Arbeitsbeginn oder eine Gleitzeitregelung, Mittagessen, Teamevents und so weiter. Als Mitarbeiter wirst du in diese Struktur hineingeworfen. Im Home-Office musst du dir diese Struktur erst schaffen.

Dazu sind zwei Dinge hilfreich:

1. deinen Kalender richtig zu benutzen, um deine Arbeit zu organisieren und

2. zu verstehen, wie du die Arbeit innerhalb eines Arbeitstages strukturieren kannst

Wenn man das im Hinterkopf behält, dann fängt man mit einer Jahresübersicht an. In diesen Kalender trägt man die wichtigsten Punkte des Jahres in den entsprechenden Tag ein, und zwar Monat für Monat. Das kann sein:

- Erstellung einer Planung

- Lieferung eines Projektes

- Kick-offs und Off-sites

- usw.

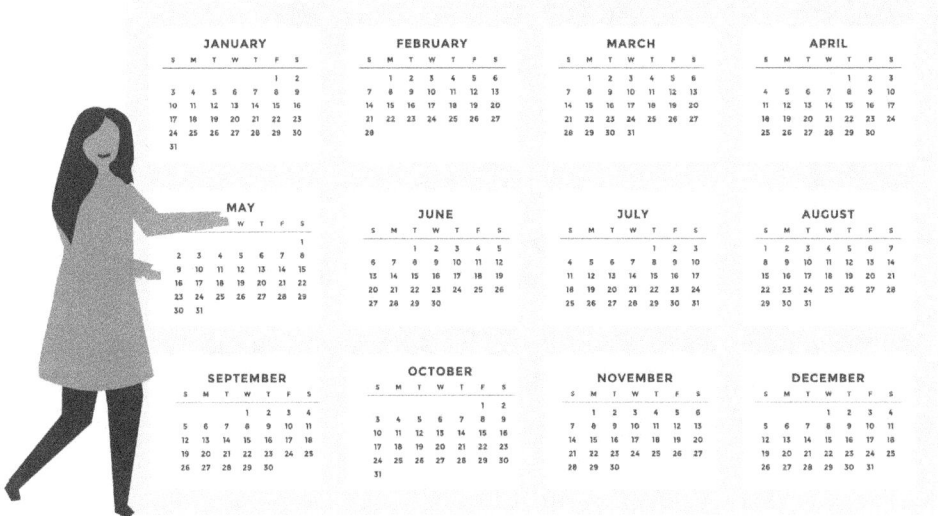

Das sind deine Ziele – also was du bist, wann du was zu liefern oder zu erledigen hast. Somit hast du nun eine Übersicht über das Jahr.

Für jeden Punkt, den du in den Kalender eingetragen hast, kannst du nun rückwärtsplanen. Aus den großen Punkten werden Meilensteine, die wiederum in Aktionen münden. Denn jeder Meilenstein kann in natürliche, kleinere, einzelne Schritte unterteilt werden.

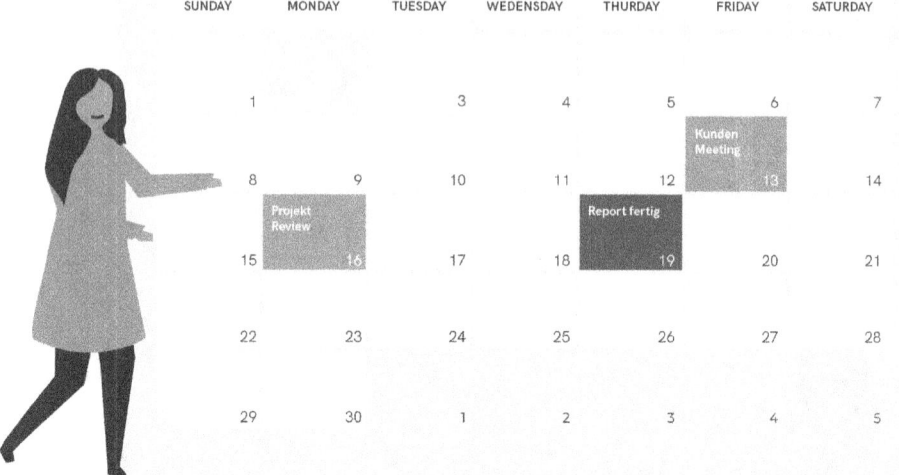

Wenn man sich auf diese Weise nähert, kann man mit nur wenigen Minuten Planung in seinem Kalender genau dokumentieren, wie man all seine Arbeit termingerecht erledigen will.

Mit dieser Übersicht im Blick kannst du jeden Arbeitstag zügig planen. Nun schaust du noch, was aktuell zu tun ist, was eine regelmäßige Aufgabe ist und welche Anfragen du erhalten hast.

Dann kommt die Eisenhower-Matrix ins Spiel.

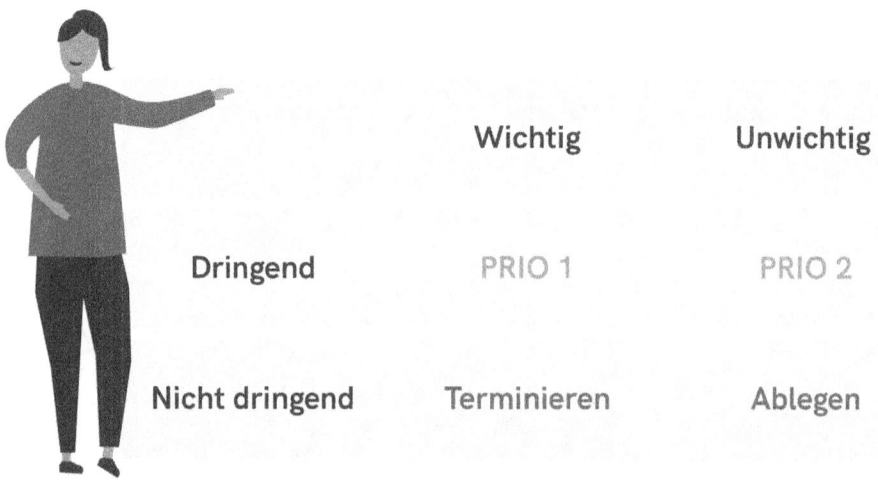

Alle obigen Punkte bewertest du und trägst diese in die Matrix ein nach

- Wichtig und dringend

- Wichtig und nicht dingend

- Unwichtig und dringend

- Unwichtig und nicht dringend

Somit hast du die Planung für den Tag fertig. Mit ein bisschen Übung und guter Vorbereitung dauert das nur wenige Minuten.

Übung

Beginne mit einem Jahreskalender, egal ob auf Papier oder am Computer. Schreibe jetzt Monat für Monat genau auf, wann jede größere unabhängige Aufgabe oder jedes Projekt fällig ist.

Das sind deine Ziele.

Und jetzt ist es an der Zeit, sie zu benutzen, um rückwärts zu planen.

Für jede Arbeit, die du in den Kalender eingetragen hast, musst du heute rückwärts arbeiten, indem du für jeden der großen Meilensteine, die du auf deinem Weg erledigen musst, Einträge in deinen Kalender machst. Jeder Meilenstein kann natürlich in kleinere, einzelne Schritte unterteilt werden. Wenn du dich auf diese Weise näherst, kannst du mit nur wenigen Minuten Planung in deinem Kalender genau dokumentieren, wie du all deine Arbeit termingerecht erledigen wirst.

Home-Office und die Arbeitszeit festlegen

Zur Struktur gehört es aber auch, eine Arbeitszeit festzulegen. Warum?

Weil sich ja deine Kollegen genauso wie du ebenfalls im Homeoffice oder im Büro befinden. Wenn du nur noch nachts arbeitest, dann koppelst du dich vom Geschehen deines Teams ab. Und was es noch schwieriger macht, ist, wenn sich auch dein Partner im Homeoffice befindet und deine Kinder ebenfalls zu Hause sind. Letztere sind vielleicht noch schulpflichtig und brauchen obendrein Betreuung und Unterstützung, weil die ja auch „arbeiten".

Ich bin ja eigentlich kein Freund von Kernarbeitszeiten oder Anwesenheitspflicht oder 9-5.

Ich war schon immer für Home-Office und Flexibilität. Wenn man allerdings mit mehreren Menschen im Home-Office sitzt oder im Team arbeiten möchte, ist es sinnvoll, seine Arbeitszeit grundsätzlich festzulegen.

Du glaubst nämlich gar nicht, wie einfach sich dein geplanter Arbeitstag in Arbeit, in Hausarbeit, Familie und in ungewollte Ablenkung auflöst (dazu mehr im nächsten Kapitel). Das Festlegen hilft, Ablenkungen, Störungen und Reibungsverluste zu minimieren.

Dein Zeitplan ist vielleicht nicht 9-5, und das ist auch in Ordnung. Ich will nicht sagen, dass du jetzt acht Stunden am Stück arbeiten musst und dann hört es auf.

Aber es ist wichtig für dich, dass du deine Verfügbarkeit transparent und explizit angeben kannst. Denn: ich mach mal das, dann mach ich mal willkürlich hier was, und dann mache ich wieder etwas anderes – das führt zu nichts. Jetzt räume ich aber erst noch den Geschirrspüler aus. Und dann finde ich, ich könnte noch kurz etwas kochen. Das ist keine gute Idee ...

Aus zwei Gründen:

Der erste Grund ist, dass dein Tag eine Struktur braucht, damit du weißt, wann du was tun kannst. Das kann mal eine Stunde arbeiten sein, dann eine Stunde irgendwas anderes machen, dann wieder eine Stunde arbeiten.

Zweitens zeigst du damit den Menschen, mit denen du im Home-Office arbeitest: Wann kann man dich ansprechen? Nämlich dann, wenn du den Geschirrspüler ausräumst. Und wann nicht? Nämlich dann, wenn du in einer Telefonkonferenz bist. **Die Arbeitszeit im Home-Office festzulegen ist gut für die Transparenz.**

Um einen individuellen Arbeitsplan zu erstellen, frage dich daher:

- Welche Arbeitszeiten wären angesichts der Distanzunterricht-Bedürfnisse meiner Kinder am besten für mich geeignet? Unser Sohn fängt morgens um 9 Uhr an mit der Schule und ist dann durchgetaktet. Danach ist von 12 bis 13 Mittagessen. Das bedeutet für mich oder für meine Frau: Oh, da muss ich Essen bereitstellen. Das muss ich natürlich vorher kochen und dann essen wir gemeinsam und dann gehen wir alle wieder zurück zur Arbeit.

- Was kann ich für meine Kinder herrichten, damit sie mich nicht so sehr brauchen? Ich könnte zum Beispiel Snacks an einem leicht zugänglichen Ort auslegen, so dass die Kinder sich selbst etwas nehmen können. So muss ich nicht jedes Mal von meinem Schreibtisch aufstehen, um etwas zu essen zu besorgen. Das passiert sonst garantiert. Da wirst du dauernd gestört. Viermal 15 Minuten arbeiten ist nicht dasselbe wie eine Stunde arbeiten, das wirst du jetzt wahrscheinlich schon wissen.

- Könnte ich meinen Arbeitstag früher beginnen, bevor alle anderen wach sind? Das ist gerade der Trick. Ich starte relativ früh. Manchmal ist es schon hell, aber alle schlafen noch. Es wäre mir unmöglich, bei unseren zwei Kindern und allen, die hier herumspringen, einen klaren Gedanken zu fassen, ohne dass Störgeräusche das beeinflussen würden.

- Oder kann ich meine Arbeit auch später am Abend nach der allgemeinen Bettgehzeit verlegen? Wenn die Kinder im Bett sind, kann ich ja dann vielleicht noch mal in Ruhe arbeiten. Für mich persönlich ist das nichts. Ich bin ein Frühaufsteher. Mich kannst du ab 20 Uhr zum Arbeiten nicht mehr so gut gebrauchen. Aber vielleicht bist du ja jemand, der besser abends arbeitet oder gar nachts. Dann wäre das eine Möglichkeit.

- Zu welchen Zeiten erwarten meine Kollegen oder meine Kunden, dass ich verfügbar bin? Du wirst nicht darum herumkommen, tagsüber zur gleichen Zeit wie deine Kollegen ein paar Stunden Arbeit einzulegen.

- Wann muss ich mal in Calls und mit Kunden sprechen (weil die schließlich nicht alle um 6 Uhr aufstehen und nicht alle um 22 Uhr arbeiten wollen)?

- Gibt es Meetings, an denen ich teilnehmen muss? Ein Jour fixe zum Beispiel. Das muss natürlich in die Tagesplanung rein.

Alle sollten wissen: Jetzt sitze ich im Jour fixe, jetzt hab ich das allwöchentliche Kundengespräch, das ich jede Woche habe, weil das ein Projekt-Update ist. Da möchte ich bitte nicht gestört werden

Und ganz, ganz, ganz wichtig:

Achte auf Pausen!

Das Arbeiten den ganzen Tag am Bildschirm ist anstrengend. So wie ein Kind nicht acht Stunden am Stück fernsehen sollte, solltest du nicht acht Stunden am Stück in deinen Monitor schauen.

Wann sollte ich Pausen machen? Frag dich das und versuch mal Folgendes:

Wenn du Kinder oder einen Partner hast, dann überlegt, ob ihr abwechselnd für die Kinder da sein wollt. Du nimmst zum Beispiel den Vormittag und dein Partner den Nachmittag. Dann hat jeder von euch einen ununterbrochenen Zeitblock für die Arbeit. Das hilft.

So kannst du konzentriert arbeiten. Ich kann es nicht oft genug sagen: Viermal 15 Minuten sind keine Stunde. Wenn du alle 15 Minuten gestört wirst, dann entspricht das eher 20 Minuten Arbeit statt einer Stunde; du musst dich immer wieder neu hineindenken.

Im Home-Office ein Türschild mit der Arbeitszeit?

Du kannst ja auch ein Schild mit deinen Arbeitszeiten für jeden Tag so wie bei den Öffnungszeiten eines Geschäfts an Bürotür machen, sofern du ein eigenes Büro hast.

Sprich auf jeden Fall mit deiner Familie oder deinen Mitbewohnern darüber, wann du zur Verfügung stehen kannst und was sie tun sollen, wenn sie dich denn tatsächlich während der Arbeitszeit brauchen. Manchmal ist eine Notsituation da, dann braucht der Fünfjährige dich – die Möglichkeit muss er ja haben. Aber du solltest schon deutlich machen, dass du nicht andauernd zur Verfügung stehst, und einen Hinweis geben, wie in solchen Fällen vorzugehen ist. Halte dich auf jeden Fall an deinen Arbeitsplan. Das bedeutet, du fängst pünktlich an und du hörst pünktlich auf.

Beständigkeit wird es für jeden einfacher machen, sich an das Leben im Home-Office zu gewöhnen.

1.3 Den Fokus auch im Home-Office halten

Das Büro ist zwar nicht zwangsläufig ein Ort der Ruhe, und nicht ohne Ablenkung. Aber zu Hause fordern andere Dinge deine Aufmerksamkeit heraus als im Büro.

Ich habe Kollegen, die sich entschieden haben, nicht mehr von zu Hause aus zu arbeiten. Stattdessen arbeiten sie in einem Coworking Space, denn wenn sie von zu Hause aus arbeiten, verlieren sie die Motivation, es kann langweilig werden und es kann aus vielerlei Gründen mehr Stress verursachen.

Das sind definitiv berechtigte Punkte – und ich musste sie selbst schon überwinden. Neben diesen Bedenken gibt es aber auch Ablenkungen, die du beseitigen musst, wenn du produktiv sein willst. Welche Art von Ablenkungen? Nun, hier meine Top-10-Ablenkungen, die bei der Arbeit von zu Hause aus auftreten können.

1. Deine Familie, Mitbewohner, Freunde, Haustiere oder Nachbarn

Das sind die größten Ablenkungen, mit denen du zu tun hast, wenn du von zu Hause aus arbeitest. Tatsächlich hat eine Umfrage ergeben, dass 33 Prozent der Befragten, die von zu Hause aus arbeiten, Kinder als ihre größte Ablenkung ansahen. Andere Unterbrechungen, die hoch im Kurs standen, waren: lästige Haustiere (18 Prozent), Mitbewohner (18 Prozent) und laute Nachbarn (16 Prozent).[1]

Als jemand, der seit Jahren von zu Hause aus arbeitet, kann ich das bestätigen. Schließlich gehen die Menschen in deinem Leben davon aus, dass du, nur weil du von zu Hause arbeitest, von der Arbeit fernbleiben kannst, um dich ihren Aufgaben zu widmen. „Kannst du mal eben einkaufen gehen?" wäre so eine typische Frage. Es ist jedoch so, dass du immer noch Arbeitsverpflichtungen hast. Wenn du es zulässt, dass deine Familie, Freunde, Haustiere oder Nachbarn dich häufig unterbrechen, wirst du mit diesen Verpflichtungen in Verzug geraten.

Es gibt keinen einzigen Weg, dieses Problem komplett zu lösen, aber hier einige Tricks, mit denen ich Erfolg hatte:

Setze dir Grenzen.

Jedes produktive Verhalten beginnt mit einer bewussten Wahl: *„Alle Nicht-Arbeitsaktivitäten sind während meiner Arbeitszeit keine Option."*

Du musst natürlich auch dafür sorgen, dass dein Ehepartner und deine Kinder deine Arbeitszeit ebenfalls respektieren. Das bedeutet, eine Regel aufzustellen, wie zum Beispiel:

„Keine Unterbrechungen, es sei denn, es handelt sich um einen

---

[1] Quelle: Morgen Lovell

Notfall!"

Das Schöne an der Arbeit von zu Hause aus ist, dass du deinen eigenen Zeitplan festlegen kannst. Wenn du mit anderen Menschen zusammenziehst, kann das eine Herausforderung darstellen. Wenn du mit einem Mitbewohner zusammenlebst, solltest du deinen Zeitplan mit seinem abstimmen. Wenn er also um 10 Uhr morgens aus dem Haus ist und um 18 Uhr zurückkommt, dann kannst du in dieser Zeit arbeiten, da es ruhig ist. Falls du Kinder hast, arbeite an deinen Aufgaben mit den höchsten Prioritäten, während sie in der Schule sind.

2. Die eigene To-do-Liste

Die Grenze zwischen Arbeit und Freizeit verschwimmt im Home-Office. Viele sind geneigt, einfach weiter ihre To dos abzuarbeiten, ohne sinnvolle Pausen einzulegen. Im Büro wird man von Kollegen vielleicht daran erinnert, eine Kaffeepause zu machen. Im Home-Office fehlt das.

Wir alle müssen über den Tag verteilt Pausen machen – das hält uns fokussiert und produktiv. Du kannst diese Zeit aber weise nutzen. Als meine Kinder pandemiebedingt Distanzunterricht hatten, nahm ich die gleichen Pause wie sie. Wir zogen uns an und spielten für 20 Minuten vor dem Haus Frisbee oder Badminton. Wenn du einen Hund hast, geh mit ihm Hund spazieren. So bekommen alle etwas frische Luft und Ablenkung.

Lass nicht zu, dass deine Aufgabenliste dich davon abhält, Pausen zu machen. Nutze deine Pausen optimal aus.

3. Hausarbeit

Ich weiß nicht, wie es dir geht, aber ich kann mich nicht konzentrieren, wenn schmutziges Geschirr in der Spüle steht oder es unordentlich ist. Ich habe das Problem gelöst, indem ich mir bestimmte Zeitblöcke für die Hausarbeit gesetzt habe.

Zum Beispiel räume ich immer gleich nach dem Essen das Geschirr ab und in die Spülmaschine ein. Ist sie voll, schalte ich sein ein. Das sanfte Brummen stört mich nicht. Ich bereite auch die meisten meiner Mahlzeiten vor, damit ich nach dem Essen nicht zu viel aufräumen muss.

4. E-Mails und Instant Messaging

Folgendes passiert auch den Besten – egal wie diszipliniert du bist: Du erhältst eine E-Mail oder Instant Message während der Arbeit und checkst sie sofort. Die einfachste Lösung ist, solche Benachrichtigungen auszuschalten, während du arbeitest.

Um jedoch sicherzustellen, dass dein Posteingang nicht überläuft, solltest du bestimmte Zeiten festlegen, um ihn zu überprüfen. Ich mache das als Erstes am Morgen und dann noch einmal bevor ich die Arbeit für den Tag beende.

Probier das mal aus: Beginne den Tag mit einer Stunde ausgeschaltetem E-Mail-Programm. Schalte es dann für eine Stunde ein und beschäftige dich nur mit den sehr wichtigen Nachrichten. Dann schalte es wieder aus und konzentriere dich.

Wenn du diesen Ansatz befolgst, wird dein E-Mail-Programm am Ende des Tages vier Stunden lang ausgeschaltet und vier Stunden lang eingeschaltet sein (einschließlich der letzten Stunde des Tages, um sicherzustellen, dass du keine späten Nachrichten verpasst, die wichtig sein könnten).

Somit kontrollierst du deine elektronischen Nachrichten und nicht sie dich.

5. Telefon und SMS

Genau wie bei E-Mails und Textnachrichten checkst du dein Telefon, sobald eine eintrifft. Wenn ich nicht abgelenkt werden will, lasse ich mein Telefon entweder in einem anderen Raum oder schalte es in den Flugmodus.

Folgende Regeln gelten: Keine persönlichen Anrufe, SMS, Chats/WhatsApps usw. Du solltest nicht nur keine persönlichen Nachrichten verschicken, sondern auch keine erhalten können. Zu viele Gadgets und Botschaften piepen, zirpen und lenken uns von der Arbeit ab.

6. Soziale Medien und das Internet

Beispiel: Ich habe mich bei LinkedIn eingeloggt, um ein wenig Networking zu betreiben, aber dann werde ich in das Social-Media-Loch gesaugt. Das Gleiche passiert, wenn ich etwas recherchiere. Es beginnt damit, dass ich nach Informationen suche, die ich für die Arbeit brauche, und dann fange ich an, alle möglichen Artikel zu lesen, die für meine Arbeit nicht relevant sind.

Die einzige Möglichkeit, das zu umgehen, ist, sofort damit aufzuhören, wenn du es merkst.

7. Häufiges Essen

Natürlich kannst du dich nicht konzentrieren, wenn dein Magen zu knurren beginnt. Das Problem, wenn du zu Hause bist, ist, dass dein Geist manchmal anfängt, an all das leckere Essen zu denken, das du im Kühlschrank oder in der Speisekammer hast.

Um dich davon abzuhalten, dich zu überfressen, solltest du nur gesündere Optionen im Haus haben. Ich versuche, meine Schränke und meinen Kühlschrank mit gesünderen Snacks zu bestücken. Auf diese Weise habe ich immer etwas zu knabbern, wenn ich hungrig bin – solche Snacks sind auch gut, um deine Gehirnleistung zu steigern.

8. Spät aufstehen

Es gibt Zeiten, z. B. im Winter, wenn es kalt und trüb ist, wo man einfach so lange wie möglich in seinem warmen, bequemen Bett bleiben möchte. Leider ist es so, dass dir umso weniger Zeit für die Erledigung deiner Arbeit bleibt, je länger du im Bett bleibst.

Um dem entgegenzuwirken, stehe ich jeden Morgen zur gleichen Zeit auf – egal wie sehr ich ausschlafen möchte. Nur so komme ich zu einer „anständigen Zeit" zur Arbeit. Ich mache auch mein Bett, sobald ich aufgestanden bin. Klingt vielleicht albern, aber es hält mich tatsächlich davon ab, wieder hineinzuspringen und einzuschlafen!

9. Prokrastination

Da du keinen festen Zeitplan hast, wenn du von zu Hause aus arbeitest, ist die Versuchung groß zu prokrastinieren, also Dinge auf die lange Bank zu schieben. Selbst wenn du dir einen Tagesplan machst, gibt es diese Tage, an denen du einfach keine Lust hast, etwas zu erledigen.

Eine simple Lösung besteht darin, Prioritäten zu setzen und die schwierigsten Aufgaben sofort, am Morgen, anzugehen. Morgens haben wir normalerweise die meiste Konzentration und Energie.

10. Das Fernsehen

Vom Frühstücksfernsehen bis hin zu Daily Soaps - das Fernsehen ist eine der größten Ablenkungen. Der Fernseher lenkt extrem ab – und als Fernseher gilt auch Netflix am PC (oder Amazon Prime oder Disney oder DAZN). Wer interessiert sich schon für die zu erledigende Aufgabe, wenn die Wikinger gleich in England einfallen? Wenn du die Steuer machen kannst, während du fernsiehst, dann bist du gesegnet. Aber wer das nicht kann, sollte das Fernsehen besser sein lassen.

Du wirst ein wenig experimentieren müssen. Es ist nicht schwer, deine Arbeitszeit zu respektieren und Ablenkungen zu vermeiden, aber es erfordert etwas Disziplin. Denke an diese Tipps. Dann bleibst du mit hoher Wahrscheinlichkeit konzentriert und produktiv.

1.4 So bleibst du im Home-Office flexibel

Während wir in den vorigen Abschnitten Strukturen etabliert haben, lernst du jetzt, wann du und wie du diese Strukturen besser über den Haufen werfen solltest.

Grundsätzlich ist ein Schlüssel, um bei Remote-Arbeit effektiv zu sein, eine solide Routine für deinen Tag zu etablieren, die dich organisiert und produktiv hält.

Ein Beispiel für eine Routine ist:

- um 8 Uhr morgens mit der Arbeit zu beginnen,
- nach wichtigen E-Mails zu suchen,
- dringende Anrufe zu tätigen und
- dich dann in deine Arbeit zu stürzen

Es gibt keine perfekte Routine. Der Punkt ist, dass es notwendig ist, eine zu entwickeln. Sie hilft dir, Ordnung aus dem Chaos zu schaffen, so dass du absichtlich arbeitest statt zufällig.

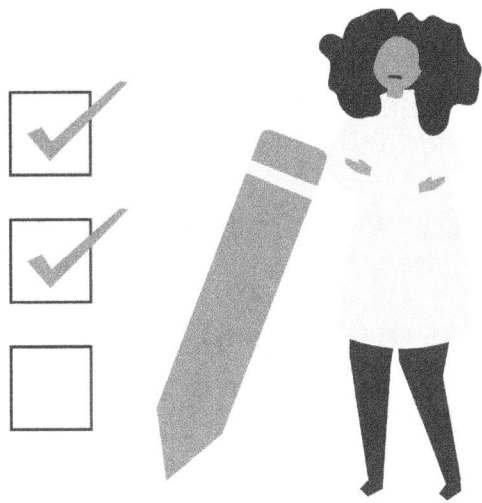

Eine Routine hilft aber nicht immer!

Routinen können einem helfen. Aber man sollte sich nicht zu sehr auf sie verlassen. Es gibt zwei echte Gefahren, über die man nachdenken sollte:

Die erste ist, dass deine Routine an deinem durchschnittlichen Tag funktioniert, aber nicht jeder Tag ist durchschnittlich. Vielleicht passt deine Routine in vier von fünf Tagen zu deiner Arbeit. Aber an diesem fünften Tag musst du den Arbeitstag wirklich anders angehen:

- Beginne den Tag immer mit mindestens fünf Minuten Planung.

- Schau dir die Meetings und Deadlines an, die du in den nächsten Wochen hast.

- Wenn du deine Aufgaben für den Tag geklärt hast, kannst du jetzt wählen, ob du deiner Routine folgen willst oder nicht.

Das zweite und größere Problem mit Routinen ist, dass sie oft das kreative Denken einschränken. Je mehr wir unserer Routine folgen, desto weniger müssen wir denken. Tatsächlich deuten viele Untersuchungen darauf hin, dass einer der besten Anreize für kreatives Denken darin besteht, bewusst einige der Routinen zu durchbrechen, die normalerweise unseren Tag bestimmen.

Was passiert, ist, dass das Gehirn buchstäblich anfängt, zu arbeiten, weil du den Autopiloten abgeschaltet hast. Das ist der Zeitpunkt, an dem die kognitive Aktivität und die Wahrscheinlichkeit des kreativen Denkens deutlich zunehmen.

Mit diesem Gedanken im Hinterkopf hier zwei nützliche Perspektiven, um aus deinen Routinen auszubrechen:

1. Wähle ein- oder zweimal im Monat einen kleinen Teil deiner Routine aus und ändere ihn. Es könnte sein, den Zeitpunkt zu ändern, wann du mit der Arbeit beginnst oder auch wie du dich kleidest, es kann die Reihenfolge der Abarbeitung der Aufgaben sein, die du erledigst, oder vielleicht ein Ortswechsel. Es gibt keine richtige Antwort. Probiere einfach eine aus und schau, wie sie sich anfühlt.

2. Die zweite Idee ist, etwas radikal anderes zu machen, wenn du fühlst, dass deine kognitiven Räder stecken bleiben.

Wenn du versuchst, etwas zu erledigen, aber du dich irgendwie nicht konzentrieren kannst, lass es und mach was anderes:

- Wenn du sitzt, versuche aufzustehen.

- Wenn du in deinem Büro bist, versuche es im Garten.

- Wenn du bei Aufgabe A feststeckst, erledige erst Aufgabe B.

Sehr oft bringen diese absichtlichen Verschiebungen das Gehirn wieder auf Trab.

Routinen sind notwendig, allerdings sind sie nicht perfekt. Denk morgens darüber nach, ob sich die anstehende Aufgabe mit einer normalen Routine erledigen lässt oder du etwas radikal anderes versuchen solltest. Dann stehen die Chancen gut, dass du deine Effektivität maximierst und dein Tag sehr produktiv endet.

Übung 1

Welche Routinen hast du über den Tag?

Vervollständige die folgenden Sätze:

Morgens mache ich als Erstes ...

und dann ...

Vor dem Mittagessen erledige ich immer Folgendes ...

Nachmittags beschäftige ich mich in der Regel mit ...

Den Abend beschließe ich mit ...

Übung 2

Überprüfe deine Routinen – teste sie anschließend.

Kannst du etwas besser machen als heute?

Überprüfe deine Routine.

Mache eine Pause von einer Woche.

1.5 Den Kontakt halten

Teams leben von der Kommunikation untereinander. Wie kannst du mit deinen Mitarbeitern, Kollegen und Vorgesetzten so gut kommunizieren, als wärt ihr alle im Büro?

Wie hältst du heute regelmäßig Kontakt zu deinen Vorgesetzten?

Ist das gut so, oder kannst du das besser machen? Schreib deine Ergebnisse auf!

Wenn du im Home-Office arbeitest, hast du keinen oder selten direkten, persönlichen Kontakt zu deinen Mitarbeitern, Kollegen und Vorgesetzten.

Es folgen ein paar Vorschläge, wie du diesen Nachteil ausgleichen kannst.

Zuerst brauchst du eine Routine, wie du die zur Verfügung stehen Kommunikationskanäle (E-Mail, Chat, Instant Messaging, Skype usw.) nutzen und überwachen willst. Die in Abschnitt 1.3 gezeigte Methode zur Überwachung des eigenen E-Mail-Einganges kann dir auch hier helfen, in regelmäßigen Abständen die anderen Kanäle zu prüfen:

1. Beginne den Tag mit einer Stunde ausgeschaltetem E-Mail-Programm.

2. Schalte es dann für eine Stunde ein und beschäftige dich nur mit den sehr wichtigen Nachrichten.

3. Dann schalte es wieder aus und konzentriere dich.

Der zweite Tipp ist, andere proaktiv zu informieren. Das bezieht sich darauf, dass du Informationen teilst, die andere brauchen. Dann werden deine Kollegen dich ab sofort weniger unterbrechen. Eine Art von proaktiver Nachrichtenübermittlung ist die FYI-Botschaft. Das kann beispielsweise ein kurzer, stichpunktartiger Wochenbericht mit allen wesentlichen Infos an deinen Chef sein.

An einem Tag, an dem du mit einer Deadline konfrontiert wirst, lass deine Kollegen wissen, dass du nicht belästigt werden willst, wenn es nicht absolut notwendig ist. Morgen erwartest du wieder in deinem normalen Nicht-Notfall-Arbeitsmodus zu sein.

Eine weitere Art von proaktiver Nachrichtenübermittlung, ist das Status-Update. Wenn du weißt, dass eine Person an deinem Fortschritt interessiert ist, oder du weißt, dass eine Deadline naht, ist es oft sehr nützlich, den betreffenden Mitarbeitern vorher genau zu sagen, wo du stehst. Das hält sie auf dem Laufenden und verringert in der Regel ihr Bedürfnis, dich zu unterbrechen.

Aber letztendlich bedeutet mit deinem Team in Kontakt zu bleiben mehr als nur elektronische Kommunikation. Du brauchst etwas Menschlicheres:

- Telefonanrufe

- Konferenzschaltungen

- Videoanrufe

- von Angesicht zu Angesicht

Auch für die Kommunikation kann man eine Routine entwickeln, so wie im vorherigen Abschnitt besprochen: wann man wen wie informiert.

Somit wird es integraler Bestandteil deiner Arbeit. Du kannst dann reflektieren, wo du stehst und deine Mitarbeiter, Kollegen und Vorgesetzte werden sich von dir immer perfekt informiert fühlen.

Wäge alle diese Optionen je nach Art der Arbeit und je nachdem, wo sich deine Mitarbeiter befinden, gegeneinander ab. Im Idealfall bist du mehrmals pro Woche auf eine persönlichere Art und Weise mit dem Team in Verbindung.

Wenn du daran denkst, deine elektronischen Kommunikationskanäle zu überwachen, proaktive Nachrichten zu schicken, um die Mitarbeiter auf dem Laufenden zu halten, und elektronische Kommunikation mit einer „humaneren" Option ausbalancierst, wirst du mit deinem Team in guter Verbindung bleiben und produktiver sein.

Übung

Nimm deine zu Beginn gewonnenen Erkenntnisse und überprüfe sie noch einmal.

Ist das gut so, oder kannst du das besser machen?

Kannst du deine Routine für FYI etablieren?

Überlege dir, wer welche Informationen von dir benötigt oder regelmäßig nachfragt. Setze dir nun einen Termin in den Kalender, wann du diese Informationen proaktiv bereitstellst.

1.6 Arbeitsmittel für die Zusammenarbeit

Es gibt viele Tools, die du gezielt einsetzen kannst, um zwischenmenschliche Kontakte aufzubauen und zu pflegen.

Allerdings: Die Arbeit mit deinem Team ist fundamental anders, wenn du aus dem Home-Office arbeitest. Zwar sind alle grundlegenden Bedürfnisse des Teams immer noch die gleichen – die Mitarbeiter müssen verstehen, was von ihnen erwartet wird, sie brauchen die richtigen Ressourcen und sie müssen effektiv kommunizieren –, aber die Mittel, die ihr benutzt, um in Kontakt zu bleiben, sind andere. Die Technologien müssen dir bei Aufgaben helfen wie:

- andere über deinen Status auf dem Laufenden zu halten,

- an Meetings teilzunehmen,

- mehr Infos aus der Gruppe zu erfahren,

- Fragen zu stellen,

- Wissen zu teilen und

- sich mit anderen für die persönliche und berufliche Zusammenarbeit zu connecten

Welche Arten von Technologien brauchst du nun, um effektiv aus dem Home-Office zu arbeiten? Zwei offensichtliche, aber wichtige Arbeitsmittel sind dein **Telefon** und dein **Computer**. Ferner benötigst du folgende vier „Dinge":

1. Das Erste ist die Stromversorgung. Das kann bedeuten, eine Steckdose in Reichweite zu haben oder sicherzustellen, dass du die nötige Menge an Power hast, um alle Dinge bis zum Ende zu erledigen.

2. Das Nächste ist ein hochwertiger Zugang zum Internet. Ob fest verdrahtet oder drahtlos, du brauchst eine Lösung mit einem Qualitätssignal, das durchgehend funktioniert.

3. Außerdem brauchst du einen guten Support. Computer sind Werkzeuge, und selbst die besten fallen manchmal aus oder werden beschädigt; daher ist ein Backup unerlässlich. Benutze die Cloud oder ein externes Laufwerk, was immer für dich funktioniert. Auch solltest du immer separat die Nummer deiner Help-Hotline griffbereit haben – nicht auf deinem Rechner, sondern woanders.

4. Deine Daten müssen sicher sein. Du nutzt das Internet, um mit anderen Teilnehmern Daten auszutauschen. Daher ist Sicherheit das Wichtigste. Das bedeutet, dass du wenigstens

eine hochwertige Sicherheitssoftware für den Virenschutz und, wenn nötig, für die Datenverschlüsselung verwenden musst.

Darüber hinaus solltest du folgende Software nutzen können:

- einen E-Mail-Client

- einen shared Online-Kalender

- eine Videokonferenzplattform wie Zoom, Teams oder ein anderes Konkurrenzprodukt

- Instant Messaging (nutz das nur für sehr einfache Nachrichten. Wenn du mehr als nur ein paar Worte brauchst, schreibe eine E-Mail, ruf an oder sprich per Video)

- Eine Plattform für Kollaboration – Slack, Teams, Notion

- spezielle Plattformen für die Dateiverwaltung wie Google Docs und die gemeinsame Nutzung von Dateien, zum Beispiel Dropbox

1.7 Die Isolation überwinden

Sind die Strukturen erst einmal etabliert und eine Arbeitsroutine hergestellt, stellt sich schnell der Alltag ein. Remote zu arbeiten kann sehr befreiend sein. Aber es ist auch wahr, dass für viele Mitarbeiter das ständige Alleinsein schwieriger ist und sogar ein Gefühl der Isolation hervorrufen kann.

Du darfst nicht vergessen, dass mehr als 50 % der Menschen in den Städten heute in Singlehaushalten leben. Gerade während der Pandemie von 2020 konnte das dann für den Einzelnen schwierig werden.

Ohne ein normales Maß an menschlicher Interaktion fühlt man sich schnell unkonzentriert und unsicher.

Wenn ich heute mit Kollegen spreche, dann sagen die mir: „Ich bin abends fertiger als sonst. Ich arbeite eigentlich nicht mehr, auch nicht weniger, als wenn wir im Büro sitzen. Aber ich bin abends einfach platt."

Das liegt daran, dass wir hier viel fokussierter arbeiten können, als das im Büro der Fall ist.

Uns fehlt der Gang zum Mittagessen.

Und ich meine hier den Gang und nicht die Nahrungsaufnahme – du bewegst dich ins Restaurant oder in die Kantine. Uns fehlen einfach die Wege, die wir nicht mehr machen. Unser Körper braucht das und unser Geist im Übrigen auch – Konzentration, aber eben auch Pausen.

Es gilt, die richtige Balance für dich selbst zu finden, indem du dir bewusst Zeit für Konzentration und Pausen nimmst.

Wähle während der Pause Aktivitäten aus, bei denen sich dein Körper, dein Gehirn und deine Augen erholen können.

Es ist keine Pause, wenn du die privaten E-Mails liest oder deine Social-Media-Aktivitäten checkst!

Eine Pause bedeutet aufstehen und raus ins Grüne gucken, wenn du das kannst. Einmal um den Block laufen. Das ist ja gestattet, aber nicht einfach: „Statt zu arbeiten, sitze ich jetzt vorm Bildschirm, und checke mal was anderes." Das ist keine Pause, also zumindest keine Pause, die deinem Geist und deinem Körper auf Dauer guttun wird. Sonst ist dir im Home-Office der Lagerkoller garantiert.

Frag dich mal:

- Was ist für mich im Moment schwer daran, zu Hause zu arbeiten?

- Habe ich Schwierigkeiten damit, konzentriert zu bleiben?

- Bewege ich mich genug?

- Mache ich genug Pausen?

- Was kann ich tun, um meine größte Herausforderung zu bewältigen?

- Kann ich mich für ein Video-Workout oder einen Yoga-Kurs anmelden?

Manche verlieren bei Isolation leicht die Motivation und haben mehr Mühe, tägliche Entscheidungen zu treffen. Das kann passieren, aber es muss nicht so sein.

Ich möchte dir hier fünf Tipps zeigen, die gegen

Einsamkeit – ob bei dir oder deinem Team – helfen werden:

1. Der erste und bei Weitem wichtigste Tipp ist, aktiv dafür zu sorgen, dass dein Team Möglichkeiten schafft, sich regelmäßig persönlich zu treffen. Jetzt weiß ich natürlich, dass es Teams gibt, die weit auseinander leben und arbeiten. Aber selbst nur ein- oder zweimal im Jahr ist ein Treffen essentiell. Ihr solltet diese Meetings gemeinsam planen. Dabei sollte es sowohl um fachliche Inhalte als auch Teambuilding-Aspekte gehen. So werdet ihr als Team eine menschliche Beziehung aufbauen können. Nur von Angesicht zu Angesicht könnt ihr Kameradschaft entwickeln und euch wirklich als Teil eines Teams fühlen.

2. Zweitens ist es gut, wenn das Team einen Zweck hat – im Englischen „Purpose". Erinnert euch daran, warum ihr das alles tut. Wofür steht ihr jeden Morgen auf, was treibt euch an, die Arbeit zu machen, die ihr macht? Ihr solltet ein „Warum" haben.

3. Der dritte Tipp ist, daran zu denken, die Technologie nicht nur für die fachliche Arbeit zu nutzen. Sich persönlich auszutauschen ist gleichermaßen wichtig. Denkt also nicht nur an die Arbeit, sondern auch an soziale Aktivitäten. Eine gute Regel ist, ungefähr fünf Prozent deines Arbeitstages damit zu verbringen, dich mit deinen Kollegen zu Privatem auszutauschen. So wie du das in der Kaffeeküche in der Firma machen würdest oder wenn ihr gemeinsam zu Mittag esst. Das sind E-Mails, Videos, SMS, was auch immer. Denk einfach daran, dass ein bisschen Geselligkeit dich menschlich gegenüber anderen macht und sie viel lieber einen Menschen im Team haben als nur einen Profi.

4. Schließlich kannst du nicht einfach den ganzen Tag arbeiten. Du brauchst Pausen. Bis zu zehn Prozent deines Arbeitstages sollten genutzt werden, um nicht zu arbeiten. Pausen helfen. Sie erlauben dir dich zu erholen und dich für ein paar Momente zu entspannen.

5. Finde einen oder mehrere Freunde, bei denen du dich täglich melden kannst. Du kannst dich nicht mit ihnen treffen? Ist doch egal. Dann schreib eine SMS, eine WhatsApp, eine E-Mail über das, was du gerade getan hast oder was du vorhast, was du gestern getan hast und wie es dir momentan und insgesamt im Leben geht. Sprich mit Menschen, mit denen du nicht arbeitest.

Wenn du also die Isolation überwinden möchtest, dann:

- findet Wege, eine persönliche Verbindung herzustellen

- erinnere dich an deinen Purpose

- nutzt alle Tools, nicht nur für die Arbeit, sondern auch fürs Zwischenmenschliche

- legt regelmäßig Pausen ein

- sprich mit Freunden

So bleibst du im Home-Office produktiv, ohne ein unnötiges Gefühl der Isolation zu erzeugen.

1.8 Wie du die Büropolitik aus der Ferne steuerst

Jedes Büro hat nicht nur offizielle Regeln, Prozesse und Verfahren, sondern auch die ungeschriebenen Gesetze, Normen und Verhaltensweisen. Unterschiedliche Interessen werden gegeneinander und auf dem Rücken anderer verfolgt. Auch im

Home-Office wirst du dem nicht entgehen können.

Man hat ja viele Vorteile im Home-Office: Man kann sich legerer kleiden, man kann nach seinem eigenen Zeitplan arbeiten und man kann eine Menge Büropolitik vermeiden – all die Menschen, die im Büro bei dir vorbeischauen, um über den Chef oder andere im Team zu tratschen. Manchmal wollen sie sich beschweren, ein anderes Mal lassen sie ihren Ärger raus, und manchmal versuchen sie dich zu überreden, sie bei einer bevorstehenden Entscheidung zu unterstützen, vor der das Team steht. Politik ist nicht schlecht, aber manchmal ist sie negativ oder ärgerlich, und fast immer ist sie ablenkend.

Sehr oft denken Mitarbeiter im Home-Office, dass sie nicht mehr Teil der Büropolitik sind. Das ist ein Irrtum. Für jeden Remote-Mitarbeiter, der versucht, sich aus der Politik herauszuhalten, gibt es mehrere politisch versierte Kollegen und Opportunisten, die hart daran arbeiten, ihre eigene und nicht deine Agenda voranzutreiben. Und du musst dich darum kümmern. Es kann dein Team und dich beeinflussen.

Du kannst dazu beitragen, dass das nicht passiert, indem du drei einfache Praktiken befolgst:

1. Zuerst solltest du dir klarmachen, dass du, auch wenn du nicht

im Büro bist, trotzdem dafür sorgen musst, dass du einen guten Eindruck hinterlässt. Fangen wir mit deinem Chef an: mindestens zwei- bis dreimal pro Woche musst du mit deiner Führungskraft telefonieren, um sie über deine Arbeit auf dem Laufenden zu halten. Du solltest Feedback einholen und Smalltalk betreiben. Dein Chef ist sehr beschäftigt, also ist es deine Aufgabe, diese Beziehung aufrechtzuerhalten. Du musst auch proaktiv auf deine Teammitglieder zugehen, um sie über deine Aufgaben und Erfolge auf dem Laufenden zu halten. Small-Talk ist auch hier angebracht. Nur weil du nicht mehr im Büro bist, heißt das noch lange nicht, dass du aus dem Sinn sein solltest. Und das vermeidest du indem du in Kontakt bleibst.

2. Hier ist der zweite Tipp: Du musst auf dem Laufenden bleiben: Was treibt die Firma um? Du musst auch hier proaktiv sein und wissen, was abgeht, und deiner Stimme Gehör verschaffen. Aber nur bei großen Themen. Finde bei diesen Themen heraus, wer die zwei oder drei Mitarbeiter mit dem größten Einfluss sind, und reiche ihnen die Hand.

3. Zum Schluss solltest du dir deine Peer Group anschauen: Wer in diesem Team ist wichtig? Unabhängig von den Entscheidungen, vor denen dein Team gerade steht, denk an deine Führungskraft, die besten Performer, die Aufsteiger und vor allem an die mit dem besten Netzwerk. Über bloße Diskussionen über die Arbeit hinaus ist es oft sehr hilfreich, einen engeren Kontakt zu halten. Vielleicht geht es um die Arbeit, oder vielleicht fragst du sie nach ihrer Meinung zu einer Sache, die bevorsteht, oder vielleicht fragst du einfach nur, wie es ihnen geht. Je mehr sie wissen, was du treibst, desto mehr fühlen sie sich mit dir verbunden und desto wahrscheinlicher werden sie Entscheidungen treffen, die dir helfen.

Politik kann ein schmutziges Spiel sein, aber es muss wirklich nicht sein.

Besonders für den Remote-Arbeiter. Erinnere dich an die obigen drei Tipps und dein Team wird positiv über dich denken, auch wenn du nicht da bist.

Übung

Wie kannst du besser und mehr mit deinem Vorgesetzten in Kontakt bleiben?

Wer sind die wichtigen Mitarbeiter in deinem Team?

Welche Initiativen in der letzten Zeit hast du verpasst? Warum?

Wie kannst du hier besser werden?

Schreib es auf.

KAPITEL 2

Remote-Mitarbeiter einstellen

Schon früher habe ich öfter Vorstellungsgespräche per Telefon und Video durchgeführt. Hier ging es am Anfang des Prozesses mehr darum, effizienter zu arbeiten und dennoch den Funnel von Kandidaten möglichst groß zu machen. Der nächste Schritt war jedoch immer, dann auch wenigstens ein, meistens zwei persönliche Gespräche. Mit mir oder dem Team.

Das fiel nun weg. Alles erfolgte in den letzten anderthalb Jahren virtuell.

Das Problem ist jedoch, dass man nun klären muss, wie die Einstellung eines geeigneten virtuellen Mitarbeiters stattfinden soll. Auch natürlich auch, welche Qualifikationen notwendig sind – denn es sind andere. Mitarbeiter, die bisher ausschließlich in einem physischen Büro gearbeitet haben, sind nicht unbedingt geeignet, nun remote zu arbeiten. Das war zwar vorher schon so, aber es gab ja immer noch die Alternative, diesen Mitarbeitern ein Büro zu ermöglichen. Viele Führungskräfte wenden bei der Suche nach virtuellen Mitarbeitern einfach Strategien der alten Schule an – so auch ich. Und es überrascht nicht, dass das nicht immer eine gute Idee war.

Natürlich gibt es Dinge, die bleiben gleich – andere musste ich anpassen.

2.1 Die Stellenausschreibung

Wenn man ein Remote-Team einstellt, muss man nicht nur als Führungskraft selbst eine Reihe von Fähigkeiten mitbringen, die für eine erfolgreiche Remote-Arbeit erforderlich sind, sondern auch darauf achten, dass der potenzielle neue Mitarbeiter diese mitbringt, indem man das bereits in der Stellenausschreibung entsprechend kommuniziert.

Einige solcher Remote-Fähigkeiten sind:

- Gute Kommunikationsfähigkeiten

- Teamfähigkeit

- Starke organisatorische Fähigkeiten

- Gute Zeitmanagementfähigkeiten

- Selbstdisziplin

- Verantwortungsbewusstsein

Natürlich wünscht man sich das auch alles von einem „normalen" Mitarbeiter – wenn es sich jedoch ausschließlich um eine Remote-Stelle handelt, dann sind alle diese Fähigkeiten ein Muss. Bringt ein Bewerber diese Eigenschaften nicht mit, ist es sinnlos, ihn im Einstellungsprozess zu belassen, denn ohne diese Eigenschaften passt er zwangsläufig nicht.

Wie sieht der ideale Kandidat aus?

Bei jeder Stellenausschreibung ist es wichtig, den „idealen Kandidaten" zu beschreiben, egal ob es sich um eine Stelle im Büro oder um eine Remote-Stelle handelt. Bei der Einstellung von Remote-Mitarbeitern spielt sie jedoch eine noch größere Rolle, weil sie die wichtigsten Eigenschaften festlegt, die die Bewerber haben müssen.

Es kann vorkommen, dass für eine Remote-Stelle bestimmte Anforderungen an Zeit und Ort gestellt werden müssen – man versucht, den kleinsten gemeinsamen Nenner an „Überschneidungsstunden" zwischen allen Teammitgliedern zu finden (es wird zwar oft propagiert, dass man nun von überall aus arbeiten kann, aber verschiedene Zeitzonen können das schwierig machen). Wenn das in eurem Team der Fall ist, musst du dies in der Stellenausschreibung klar und deutlich angeben, damit sich nur diejenigen bewerben, die diese Bedingungen erfüllen.

2.2 Vorstellungsgespräch für eine Remote-Stelle

Ich führe mindestens drei Vorstellungsgespräche durch.

Kultur- und Werte-Interview. Bei diesem Gespräch geht es vor allem darum, herauszufinden, wie sehr ein Bewerber mit der Unternehmenskultur übereinstimmt. Ich folge hier einem strukturierten Interview, bei dem jedem Bewerber die gleichen Fragen in der gleichen Reihenfolge gestellt werden.

Erfahrungsinterview. Diese Gesprächsrunde beinhaltet auch eine kurze Übung, damit ich die Bewerber auch „in Bezug auf ein echtes Arbeitsprodukt" beurteilen kann. Meistens lasse ich sie ihr derzeitiges Produkt in Bezug auf Ihre Rolle „pitchen".

Abschlussgespräch. Dieses letzte Gespräch konzentriert sich auf das Schlüsselelement der Rolle, zum Beispiel eine Verkaufspräsentation, wenn es sich um die Rolle eines Vertrieblers handelt.

Mehrere Vorstellungsgespräche zu führen bedeutet auch, dass ich eine ziemlich lange Einstellungszeit habe, was bei einer Remote-Einstellung nicht unbedingt etwas Schlechtes sein muss. Wichtig ist allerdings, dass die angehenden Mitarbeiter darüber im Vorfeld informiert werden. Sonst kann das zu Frustrationen führen.

Interviewfragen für Remote-Mitarbeiter

Eine wichtige Funktion von Vorstellungsgesprächen ist, festzustellen, ob ein Bewerber zur Unternehmenskultur passt. Das ist für jedes Unternehmen eine Herausforderung, selbst wenn es seine Bewerber persönlich kennenlernt. Bei Remote-Teams ist diese Beurteilung aufgrund der virtuellen Interaktion zwar schwieriger, aber es ist trotzdem sehr wichtig, nach wie vor ein solches Values-Interview durchzuführen. Wie kann man jemanden hinsichtlich eines immateriellen Konzepts wie Kultur und Werte bewerten?

 Der erste Schritt besteht darin, deine Kultur und deine Werte zu definieren. Dann übersetze das in Interviewfragen, mit denen du den Bewerber bewerten kannst. Ich habe mir zu jedem unserer Firmenwerte eine Frage überlegt, die ich in Abhängigkeit von der Rolle stelle. Beispielsweise haben wir als Wert „Wir sind neugierig auf Neues". Ich achte also darauf, ob das zukünftige Teammitglied mehr als nur die Standardfragen stellt – besonders darauf, ob schon Fragen vor dem Ende kommen.

Folgende Interviewfragen decken meines Erachtens wichtige Aspekte der Remote-Arbeit ab:

- Welche Erfahrungen hast du mit Remote-Arbeit gemacht und

wie gehst du große Projekte an, wenn du nicht in einem Büro arbeitest?

- Was denkst du über den Umgang mit der Pandemie und den damit verbundenen Ereignissen im Rahmen unserer Geschäftsstrategie? (Diese Frage ist besonders wichtig für Positionen mit Kundenkontakt, die eine starke emotionale Intelligenz erfordern.)

- Gibt es in dieser Stellenbeschreibung Anforderungen, die du deiner Meinung nach verbessern kannst? Wenn ja, hast du einen Plan, wie du deine Fähigkeiten weiter ausbauen kannst?

- Hast du einen Home-Office-Produktivitäts-Hack, der dir dabei hilft, dich zu konzentrieren, während du remote arbeitest?

- Welche Tools oder Ressourcen nutzt du, um über Neuigkeiten und Trends im Geschäftsleben auf dem Laufenden zu bleiben?

- Wie gehst du mit Remote-Kommunikation und -Zusammenarbeit um und wie gehst du mit Situationen um, in denen du und ein Kollege nicht einer Meinung sind?

- Wie viel Hilfe brauchst du von mir, um loszulegen? Bevorzugst du aktives Feedback von mir oder magst du es lieber locker mit minimaler Überwachung?

Meine besten Tipps für Remote-Interviews

Ein weiterer Punkt, auf den man bei der Einstellung eines Remote-Mitarbeiters achten muss, ist die Fähigkeit zum Videochatten, da ein Großteil der Besprechungen und der Zusammenarbeit in Remote-Teams über Videoanrufe erfolgt. Die Prüfung dieser „Videokompatibilität" ist also ein wichtiger Bestandteil der Remote-Einstellung und des Arbeitsmixes. Achte hier im besonderen Maße darauf, wie hat der angehende Remote-Mitarbeiter seine Kamera oder sein Mikrofon eingestellt. Ist es z. B. gut genug ausgeleuchtet? Oder vielleicht eine Gegenlichtaufnahme, sodass man die Person nur den Umrissen nach erkennt? Kann man die Person verstehen usw. Ich finde, dass das enorm wichtig ist, wie viel Mühe sich die Person hier gibt. Schlechte Videokompatibilität ist für mich so wie beim klassischen Vorstellungsgespräch in Shorts und Flip-Flops zu erscheinen.

Neben einer guten Internetverbindung und einer Videochat-Plattform achte ich auf Folgendes:

Ich achte darauf, wie begeistert sie von der Stelle sind. Wofür begeistern sie sich? Dann checke ich, ob sich diese Leidenschaften mit den Prioritäten meines Teams überschneiden.

Mich interessiert, welche Erfahrungen sie in ähnlichen früheren Positionen in ihrem Lebenslauf gemacht haben. Ich versuche herauszufinden, was sie aus diesen Erfahrungen gelernt haben. So bekomme ich eine bessere Vorstellung davon, wie sie wahrscheinlich auch in meinem Team mit Erfolgen und Misserfolgen umgehen werden.

Ich möchte auch immer einen Blick in die Zukunft haben. Was denken die Bewerber über die Wirtschaft heute und in Zukunft? Es ist gut zu wissen, wie dein potenzieller Kandidat zu diesen Themen steht – das wird wahrscheinlich die Art und Weise, wir ihr miteinander arbeiten werdet, in absehbarer Zukunft prägen.

Sei ehrlich bei dem, was den Mitarbeiter erwartet

Da Remote-Arbeit nicht für jeden geeignet ist, versuche ich immer, zukünftigen Bewerbern einen realistischen Ausblick auf die Stelle zu geben. Das geht am besten, indem man seinen potenziellen Bewerbern einen Einblick in seine Remote-Arbeit gibt.

Dabei geht es nicht nur um die Logistik von Remote-Arbeiten. Auch persönliche Geschichten darüber, was wir anders machen, können dazu beitragen, die richtigen Kandidaten anzusprechen. Wenn du also Geschichten über deine Mitarbeiter hast, die ihre persönlichen Träume oder Leidenschaften verwirklicht haben, während sie für dich remote arbeiteten, dann sprich darüber im Vorstellungsgespräch.

Wenn ich einen tollen Kandidaten gefunden habe, was kommt dann?

Die Arbeit fängt jetzt an. Sobald das Angebot angenommen wurde, biete ich Hilfe an, um den zu Einstieg erleichtern. Mehr dazu im nächsten Kapitel.

KAPITEL 3

Virtuelles Onboarding und Training

Es war zu Beginn der Pandemie und ich hatte gerade damit begonnen, einen Mitarbeiter onzuboarden. Dann wurde mir gesagt, dass wir ab sofort alle von zu Hause aus arbeiten und nicht mehr reisen sollten. So weit so gut.

Ich hatte noch nicht verstanden, was auf dem Spiel stand, und dachte, dass der „Zustand" in wenigen Wochen vorbei sei. Ich habe mich, wie wir alle inzwischen wissen, sehr geirrt. Hätte ich gewusst, was noch auf uns zukommen würde, wäre das Onboarding meines Mitarbeiters sicherlich viel besser verlaufen.

In völliger Unkenntnis darüber, wie man einen Mitarbeiter komplett virtuell onboardet, ging ich weiter standardmäßig vor. Sicher, wir hatten auch schon vorher remote gearbeitet und viele Dinge passierten via Zoom – aber es gab früher immer die Gelegenheit, sich einmal live und in Farbe in einem Meetingraum mit einem Whiteboard oder Flipchart zu treffen. Man konnte einen Kaffee zusammen trinken und zusammen lunchen.

Nun stellte ich sukzessive fest, dass sich mein neuer Mitarbeiter nicht mehr so willkommen fühlte, weil es eben keine Bürotouren, Swag Bags und Meet-and-Greets mit neuen Teamkollegen gab. Mein Mitarbeiter war ein abgeschnittener Einzelkämpfer geworden. Das war nicht gut. Mein virtuelles Onboarding klappte irgendwie nicht.

Ein paar Fehler und Monate weiter, veränderte ich meine Herangehensweise an virtuelles Onboarding komplett. Eben damit wir wieder zu einer Willkommenskultur kommen konnten.

Warum ist ein effektives Onboarding eigentlich so wichtig? Weil es die Produktivität, das Engagement und die Mitarbeiterbindung steigert. Das Onboarding ist zentral für den gelungenen Einstieg eines neuen Mitarbeiters. Wie du das Onboarding virtuell gestaltest, lernst du in diesem Kapitel.

3.1 Virtuelles Onboarding

Neue Mitarbeiter müssen schon an ihrem ersten Tag eine Menge Informationen verarbeiten. Einen neuen Job während einer globalen Pandemie anzufangen, kann ein ganz neues Maß an Stress mit sich bringen. Nicht nur das, sondern viele Mitarbeiter jonglieren mit Arbeit und Kinderbetreuung und manche erleben zum ersten Mal Remote-Arbeit.

Was ist der beste Weg, diese Neueinstellungen in deinem Team willkommen zu heißen – besonders wenn du während Covid-19 zu einem Remote-Team übergegangen bist?

Schaffe eine einladende Atmosphäre

Ein virtueller Mitarbeiter, der sich über einen Computerbildschirm einloggt, kann genauso effektiv sein wie jemand, der sich traditionell in einem Büro einloggt. Aber wenn du noch nie Mitarbeiter in einer Remote-Umgebung ongeboardet hast, dann ist es eine Herausforderung. Du musst nämlich eine einladende und gleichzeitig informative Atmosphäre schaffen. Eine Umgebung, die deine neuen Mitarbeiter in dieser Zeit der großen Unsicherheit beruhigt.

3.2 Was ist virtuelles Onboarding?

Das Ziel des virtuellen Onboardings ist dasselbe wie das des persönlichen Onboardings:

- Es hilft deinem neuen Mitarbeiter, sich mit deinem Unternehmen und seiner Mission und seinen Werten vertraut zu machen,

- gibt ihm das Gefühl, willkommen zu sein,

- erleichtert es, mit dem Team eine Beziehung aufzubauen, und

- sorgt für die Tools und Schulungen, die er braucht, um schneller produktiv zu werden.

Einen Unterschied gibt es aber schon:

Die virtuelle Einarbeitung der Mitarbeiter über Videokonferenzen, Webinare, vorab aufgezeichnete Videos, zur Verfügung gestellte Texte, Instant Messenger und interaktive Online-Schulungen erfolgt ausschließlich über deren Desktop, Laptop oder ihr mobiles Gerät. Und das in der Regel im Home-Office – ein Ort, bei dem wir nicht sicher sein können, dass die technische Infrastruktur perfekt ist.

Laut einer Umfrage aus dem Jahr 2019 sagen 76% der Mitarbeiter, dass sie im Normalfall innerhalb der ersten sechs Monate nach Arbeitsbeginn wissen, ob sie bei der Firma bleiben werden.

Bei Jobs, bei denen die Mitarbeiter innerhalb der ersten sechs Monate gekündigt haben, gaben fast 4 von 10 an, dass ein effektiverer Onboarding-Prozess dafür gesorgt hätte, nicht zu kündigen.

Deshalb ist es so wichtig, den Onboarding-Prozess richtig zu gestalten und zu managen.

Onboarding-Material für digitale Erfahrungen

Der durchschnittliche Mitarbeiter hat während seines Onboardings über 50 Aufgaben zu absolvieren. Hier gebe ich dir einige Tipps, wie du deinen neuen virtuellen Mitarbeitern dabei helfen kannst, die Liste ihrer Aufgaben auf eine ansprechende, angenehme und effektive Weise abzuhaken.

Decke die richtigen Informationen ab

Ein erfolgreicher Onboarding-Prozess umfasst wichtige Unternehmensinformationen, wie z. B.

- alle Richtlinien,

- Werte,

- die Mission,

- Infos über Produkte/Dienstleistungen,

- einen Überblick über alle Teams und Abteilungen,

- Personal-/Administrationsaufgaben,

- Software- und Produkttrainings und

- wo sie die Ressourcen finden, die sie benötigen, um erfolgreich zu sein (z. B. Unternehmens-Wiki).

Maßgeschneidertes digitales Onboarding-Material garantiert den bestmöglichen Erfolg. Du musst deine Sprache dem digitalen Format anpassen.

Das bedeutet: Gib dem Mitarbeiter mehr Details, denn er kann ja in der Regel nicht direkt nachfragen, und erstelle Inhalte in verschiedenen Formaten, um die sogenannte „Zoom-Fatigue" zu vermeiden z. B. PDFs, 1:1-Schulungen/Screensharing, Online-Trainingsvideos, Instant Messaging oder Telefonanrufe.

Sei so flexibel wie möglich

In der Pandemie müssen viele Mitarbeiter die Anforderungen der Arbeit mit denen des Privatlebens ausbalancieren. Hier ist es hilfreich, wenn du ihnen gleich zu Anfang mitgibst, dass du das verstehst und dich darauf einstellen wirst.

Überlege dir, ob du ihnen erlaubst, in ihrem eigenen Tempo durch einige Onboarding-Materialien zu arbeiten. Du kannst ihnen z. B. Textressourcen und Videos anbieten, die sie selbstständig durcharbeiten können.

Arbeite neue Angestellte in einem langsameren als dem üblichen Tempo ein. Virtuell dauert alles viel, viel länger. Vermeide es, neue Mitarbeiter unnötig unter Druck zu setzen, indem du es langsam angehst, anstatt sie mit großen Informationsmengen zu überschwemmen – besonders während Covid-19.

Verteile die Onboarding-Aufgaben über eine Woche oder länger, um deinem neuen Mitarbeiter die Zeit zu geben, die er braucht, um wichtige Informationen aufzunehmen.

Übung

Schreib einmal auf, wie das Onboarding in deiner Firma heute abläuft. Wie bist du ongeboardet worden? Hol dir Feedback auch von Mitarbeitern und Kollegen ein.

Mit diesem Wissen überleg dir anschließend, wie du das schon von Anfang an besser machen kannst.

Bisher ...

Zukünftig ...

3.3 Pre-Onboarding

Ohne die Möglichkeit, sich persönlich zu treffen, ist es herausfordernd, deinem neuen Mitarbeiter das Gefühl zu geben, Teil des Teams zu sein. Ich möchte dir in diesem Abschnitt zeigen, wie du eine personalisierte und fesselnde virtuelle Onboarding-Erfahrung schaffst, die neue Mitarbeiter erfolgreich integriert.

1. Erstelle eine Agenda für die erste Woche

Was soll dein neuer Mitarbeiter in der ersten Woche lernen und tun? Erstelle einen Zeitplan für die erste Woche und vergiss nicht Pausen zwischen den Videoanrufen und genügend Check-ins und Touchpoints einzubauen. Du musst die perfekte Balance zwischen Überforderung und Vernachlässigung finden. Das ist nicht ganz einfach.

Beispiel für einen virtuellen Onboarding-Zeitplan

Tag 1			Tag 2	
09:00 – 10:00	Einrichten mit IT		09:00 – 10:00	1:1 mit Führungskraft
10:00 – 10:30	1:1 mit Führungskraft		10:00 – 10:30	Pause
10:30 – 11:00	Willkommen Zoom Anruf mit dem Team		10:30 – 11:30	Virtuell einem Kollegen bei der Arbeit über die Schulter schauen (zoom)
11:00 – 12:00	Meet & Greet mit Buddy		11:30 – 12:30	1:1 mit Mitarbeiter
12:00 – 12:30	Pause		12:30 – 13:00	Pause
12:30 – 13:00	Kurze Einführung in das Unternehmen		13:00 – 14:00	Virtuelles Mittagessen mit dem Team
13:00 – 14:00	Virtuelles Mittagessen mit dem Team		14:00 – 14:30	Pause
14:00 – 14:30	Pause		14:30 – 15:30	Interaktive Onboarding-Aktivität
14:30 – 16:00	Unternehmensstrategie		15:30 – 16:00	Fragen und Antworten mit HR
16:00 – 16:30	Video-Training Unternehmenskultur & Werte		16:00 – 16:30	Selbstständiges Durchlesen von Onboardingunterlagen
16:30 – 16:45	Pause		16:30 – 16:45	Pause
16:40 – 17:00	Q&A mit Buddy (via Slack oder Zoom)		16:40 – 17:00	Q&A mit Buddy (via Slack oder Zoom)

2. Willkommens-E-Mail

Einer der wichtigsten ersten Schritte im Onboarding-Prozess ist die Begrüßungsmail für neue Mitarbeiter. Eine Onboarding-Checkliste hilft dir sicherzustellen, dass du alle Informationen für den Mitarbeiter hast. Idealerweise sollte der Prozess der Begrüßung eines neuen Mitarbeiters beginnen, **nachdem** er das Jobangebot angenommen hat und **vor** seinem ersten Tag.

Eine solche Nachricht wird dein neues Teammitglied nicht nur in seiner Entscheidung bestätigen, den richtigen Job angenommen zu haben, sondern ihm auch helfen, sich wertgeschätzt zu fühlen. Außerdem sollte die E-Mail wichtige Details darüber enthalten, was er bei seiner Ankunft erwarten kann. Dein Mitarbeiter wird sich gut informiert fühlen, was ihm die Angst vor dem Unbekannten nimmt (eine Angst, die wir fast alle haben). Es erleichtert auch den Einstiegsprozess für dich als Führungskraft – da du schon am ersten Tag auf vorhandenes Wissen zurückgreifen kannst.

Vergiss nicht dein Team über die Ankunft des neuen Mitarbeiters zu informieren.

Um dir dabei zu helfen, die perfekte „Willkommen im Team"-E-Mail zu erstellen, sind hier einige Tipps und Beispiele.

Eine Begrüßungsmail für einen neuen Mitarbeiter muss von dir, dem direkten Vorgesetzten, kommen. Der Ton sollte einladend und hilfreich sein und deine Firmenkultur widerspiegeln.

Hier ist eine Liste der wichtigsten Punkte, die in der Begrüßungs-E-Mail enthalten sein sollten:

- Erinnerung an das Startdatum mit Uhrzeit, wann man z. B. eingeloggt sein soll

- Den Link (ggf. mit QR-Code), damit das Einloggen einfach läuft

- Die grundsätzlichen Arbeitszeiten, z. B. auch wann Teammeetings stattfinden

- Wie der Mitarbeiter an sein Equipment kommt: Von wem wird es geliefert (DHL, Hermes etc.)? Muss er selbst vor Ort sein? Ist alles schon installiert? Was muss er beachten?

- Zeitplan für die erste Woche

- Willkommensveranstaltungen (z. B. virtuelles Team-Mittagessen)

- Kontaktinformationen der wichtigsten Mitarbeiter, neben deinen Kontaktdaten

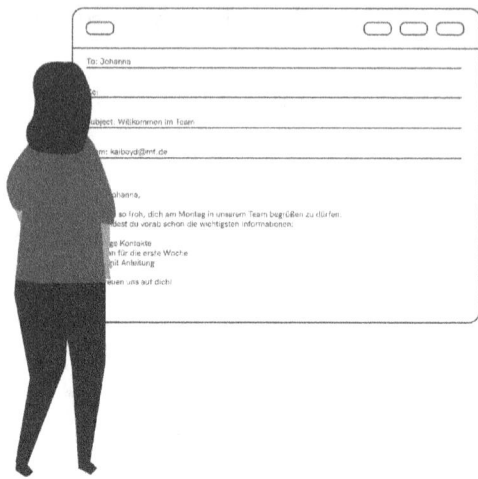

3. Arbeitsmittel erhalten

Dein neuer Mitarbeiter sollte im Vorfeld zum Start seine technische Ausrüstung, die er braucht, um erfolgreich zu sein, erhalten (z. B. Laptop, Maus, Tastatur, Monitor, Headset). Wenn möglich, sind alle firmenspezifischen Programme vorinstalliert. Füg Anweisungen für die IT-Ersteinrichtung bei, damit er sich auf seinem Computer einloggen und zum ersten Mal per E-Mail arbeiten kann. Gib auch unbedingt eine Telefonnummer und einen Kontakt zum IT-Support dazu. Was macht der Mitarbeiter, wenn es nicht klappt – das ist meistens der erste Stresspunkt, weil keiner an seinem ersten Tag zu spät kommen möchte. Und wenn man sich nicht einloggen kann, dann fühlt sich das wie Zuspätkommen an.

4. Begrüßungspaket senden

Im Büro finden Mitarbeiter oft an ihrem ersten Tag auf ihrem Schreibtisch einen Blumenstrauß oder ihre Visitenkarten mit ein paar gebrandeten Utensilien, wie Tassen mit Firmenlogo, T-Shirts, Stifte usw. Gib deinem neuen Mitarbeiter das Gefühl, wertgeschätzt und Teil des Teams zu sein, indem du ein kleines Begrüßungspaket schickst. Du kannst auch einzigartige Begrüßungsgeschenke wie einen Gutschein für einen Kaffee besorgen oder ihm am ersten Tag das Mittagessen liefern lassen.

Übung

Hast du noch deine Begrüßungs-E-Mails? Such sie. Schau dir an und vergleiche, ob alles vorhanden ist, was ich oben erklärt habe.

Egal ob du deine Begrüßungs-E-Mail noch hast oder nicht, schreib eine E-Mail, wie du dir sie mit dem heutigen Wissen gewünscht hättest.

3.4 Der erste Tag

Der erste Arbeitstag ist immer aufregend – sowohl für dich als Chef als auch für deinen Mitarbeiter. Was kannst du tun, um die Situation für alle Beteiligten angenehmer zu machen?

1. Füge den neuen Mitarbeiter zu allen relevanten Kommunikationskanälen hinzu

Da sowohl asynchrone als auch Echtzeit-Online-Kommunikation für eine Remote-Arbeitsumgebung unerlässlich sind, solltest du sicherstellen, dass dein neuer Mitarbeiter in die richtigen

- Kalendereinladungen,

- vorgeplanten Meetings,

- E-Mail-Gruppen und

- Messaging-Anwendungen (z.B. Slack)

eingetragen ist, damit er keine wichtigen Nachrichten oder Updates verpasst.

Wie oft kommt es schon in der realen Welt vor, dass man in einem Meeting sitzt und vergessen hat dem Kollegen Bescheid zu sagen. Hier kann man ihn ja gegebenenfalls noch schnell dazuholen, aber wie sieht das in der virtuellen Welt aus? Man kann anrufen, slacken oder simsen – ob man ihn auf gut Glück erreicht, ist nicht gesagt. Woher soll er auch wissen, dass jetzt ein wichtiges Meeting ist.

Schau nicht nur, dass er zu allen Terminen eingeladen ist, die du als wichtig erachtest. Meistens kennst du als Vorgesetzter selbst nicht alle relevanten Meetings – frag deine Mitarbeiter, ob es noch andere Meetings gibt, die für das neue Teammitglied relevant sind.

2. Informiere gleich am ersten Arbeitstag dein aktuelles Team über den neuen Mitarbeiter

Sende eine Ankündigungs-Mail an dein Team. Hier kann es eine gute Idee sein, wenn du diese sogar von deinem neuen Mitarbeiter vorschreiben lässt oder wenn du ihm eine Struktur vorgibst. Sie sollte kurz, aber informativ sein. Etwas Humor kann auch nicht schaden. Folgende Struktur fand ich immer sehr hilfreich:

- ein (Pass)-Foto des Mitarbeiters, damit man sich im wahrsten Sinne des Wortes ein Bild von ihm machen kann

- was die Aufgabe oder die Position des neuen Mitarbeiters ist

- und drei Hobbys oder Fun Facts

Das neue Teammitglied sollte unbedingt in Cc gesetzt werden. Du gibst deinem Team somit die Chance, den neuen Kollegen direkt und persönlich den neuen Kollegen zu begrüßen. Du kannst die Ankunft auch in einem #allgemeinen Channel auf Slack oder während der Teammeetings ankündigen; ich finde allerdings, dass eine E-Mail die bisher beste Möglichkeit ist. Wenn darüber hinaus alle Kollegen eine vernünftige Signatur haben, dann kann der neue Mitarbeiter seine Kollegen gleich zu Beginn einordnen.

3. Mach ihn so schnell wie möglich online

Nichts ist frustrierender, als im Home-Office zu sitzen und keine Ahnung zu haben, was die wirklich wichtigen Tools sind.

Gib deinem neuen Mitarbeiter eine „Tour" durch deinen virtuellen Arbeitsraum. Vereinbare eine virtuelle Orientierung mit einem Mitglied deines IT-Teams, um deinen neuen Mitarbeiter mit seiner

Technologie und der Software (z. B. Zugangsdaten, VPN, Tools) vertraut zu machen. Das sollte am ersten Tag passieren – vor allem weil er nur über die Technologie mit deinem Team verbunden sein wird.

Erstelle eine Liste für deinen neuen Mitarbeiter, die du sowohl auf das Laufwerk (z. B. Google Docs) legst, aber auch in einer ersten E-Mail an den Mitarbeiter schickst.

In dieser Liste sollten die wichtigsten Tools und Ressourcen aufgeführt und erklärt sein. Du kannst zu jedem Tool auch einen Mitarbeiter mit seiner Telefonnummer und seiner E-Mail-Adresse hinterlegen, sodass der Mitarbeiter weiß, wen er bei den ersten Schwierigkeiten in deinem Team anrufen oder anpingen kann. Alternativ kannst du auch schon in der ersten Woche gleich Meetings für deinen Mitarbeiter vereinbaren, sodass er eine erste Einführung von einem Kollegen erhält.

Ganz wichtig ist, dass du prominent nicht nur deine Nummer und Erreichbarkeit in das Dokument fügst, sondern auch die des IT-Supports. Er wird sie garantiert brauchen und dir dankbar sein.

Tool	Kontakt
VPN	Günther Jacobs
Dropbox	Stephanie Weiß
Hardware	Johann Hüxter
Interne Kommunikation	Günther Jacobs

Übung

Auch hier bitte ich dich wieder, eine oder deine Ankündigungsmail „herauszukramen". Wie wurdest du damals involviert? Was hast du empfunden? Wie haben die anderen auf diese E-Mail reagiert? Schreib die Punkte auf.

Hättest du dir eine andere Mail gewünscht? Wie hätte dieses ausgesehen? Schreib es auf.

3.5 Die erste Woche

Die erste Arbeitswoche dient dazu, das Unternehmen kennenzulernen und sich mit den Arbeitsabläufen vertraut zu machen. Wie kannst du deinem neuen Mitarbeiter den Einstieg erleichtern?

1. Stell das Team vor (kein Händeschütteln erforderlich)

Traditionell wird ein neuer Mitarbeiter an seinem ersten Tag seinen Kollegen und neuen Teammitgliedern vorgestellt.

Hier gibt es mehrere Szenarien:

Szenario 1: Du führst ein hybrides Team und der Großteil der Kollegen arbeitet im Büro. In diesem Fall organisiere eine virtuelle Tour durch das Büro, sodass dein neuer Mitarbeiter einen ersten Eindruck davon bekommt, wie es bei euch aussieht. Lass die Mitarbeiter virtuell herumgehen und kurz erklären, was sie tun, einschließlich einer lustigen Tatsache über sich selbst.

Szenario 2: Du führst ein virtuelles Team – alle arbeiten vom Home-Office aus. Hier macht es natürlich keinen Sinn, durch die Wohnung der einzelnen Mitarbeiter zu gehen. Aber jeder kann sich kurz oder auch mit einer Präsentation vorstellen, sagen, was seine Aufgaben sind, und natürlich auch hier etwas Persönliches oder Lustiges über sich preisgeben.

Hilf deinem neuen Mitarbeiter, das Team in einer zwanglosen Umgebung kennenzulernen, indem du virtuelle Team-Mittagessen für die erste(n) Woche(n) planst. Du solltest auch kurze Einzelgespräche oder Videochats in kleinen Gruppen zwischen dem neuen Mitarbeiter und seinen Kollegen einrichten, damit sie verstehen, wie sie zusammenarbeiten werden.

2. Informiere über die Firma

Was sollen neue Mitarbeiter über deine Firma, dein Team und deine Kultur wissen? Entwickle einen Orientierungskurs für Neueinsteiger, der die folgenden wichtigen Informationen über dein Unternehmen behandelt:

- Geschichte des Unternehmens

- Warum du tust, was du tust

- Organisatorische Struktur

- Mission und Werte

- Überblick über die Produkte und/oder Dienstleistungen des Unternehmens

- HR-Richtlinien und Verfahren, z. B. zu Reise, Urlaub und Beschaffung

- Wie Abteilungen zusammenarbeiten

Abhängig von der Größe deines Unternehmens möchtest du vielleicht mehrere Mitarbeiter einbeziehen, die dir bei der Orientierung helfen können, darunter die Mitarbeiter der Personalabteilung, der Buddy des neuen Mitarbeiters, die Leiter der verschiedenen Abteilungen oder andere relevante Teammitglieder.

3. Mach das Onboarding so interaktiv wie möglich

Studien zeigen, dass interaktive Aktivitäten den Mitarbeitern sechsmal häufiger helfen Informationen zu lernen und zu behalten als Videos oder Text.

Probiere Folgendes in deinen Video-Onboarding-Sitzungen:

- Mach eine Umfrage (z. B. mit Google)

- Erstelle Mini-Quiz (z. B. mit Kahoot)

- Erstelle eine Intranet-Schnitzeljagd, bei der der Mitarbeiter Aufgaben lösen muss, die er dann in einem Quiz beantworten kann

- Organisiere Zoom-Breakout-Räume und Icebreaker-Spiele mit anderen Kollegen, damit die Onboarding-Informationen haften bleiben

3.6 Die erste Zeit

Laut einer Umfrage gaben 2019 44% der Neueinstellungen, die innerhalb der ersten sechs Monate die Firma wieder verließen, an, dass ihnen klare Richtlinien über Verantwortlichkeiten geholfen hätten, länger zu bleiben.

Nachdem sich alle ein bisschen beschnuppert haben, ist es daher eine gute Idee, den neuen Kollegen und die alten Kollegen einmal virtuell zusammenzubringen. Es hat sich gezeigt, dass die meisten Teams daran kranken, dass nicht jeder das gleiche Verständnis darüber hat, was seine Aufgabe ist. Schlimmer noch, andere Kollegen halten jemanden womöglich für etwas verantwortlich, aber derjenige z. B. weiß davon gar nichts. Das kann dazu führen, dass Aufgaben liegenbleiben, weil jeder denkt, der andere tuts.

Gehe die Rollenverantwortlichkeiten und Erwartungen durch

Nimm die Rollen- und Verantwortlichkeitsmatrix. Schicke jedem Mitarbeiter sein eigenes Exemplar mit seinem Namen drauf und lasse von den Mitarbeitern ausfüllen:

- Was das Team von mir erwarten kann

- Was ich vom Team erwarte

Dann geht jedes Dokument reihum weiter und jeder Mitarbeiter schreibt auf, was er sich von seinem Kollegen wünscht. Die Dokumente werden dann so lange zirkuliert, bis jeder von jedem einen Eintrag hat und der ursprüngliche Besitzer (Name steht ja drauf) sein Dokument wieder in Händen hält. Am Ende sollte nicht nur jedem klar sein, was seine Aufgabe ist, sondern auch was die anderen „glauben", dass seine Aufgabe ist. Sollte es Unstimmigkeiten geben, so ist das der richtige Zeitpunkt, darüber zu sprechen. Somit hat der neue Mitarbeiter nicht nur eine Ahnung davon, was von ihm erwartet wird, sondern auch einen Überblick darüber, was die anderen Kollegen verantworten und treiben.

Ich habe gute Erfahrungen mit virtuellem Job-Shadowing oder Job-Trainingseinheiten gemacht. Neue Kollegen sind einfach bei dem Meeting der anderen Kollegen dabei und können so ihre neue

Aufgabe oder Rolle besser kennenlernen. Auch bekommt der neue Mitarbeiter dadurch ein besseres Verständnis dafür, was andere Teams und Abteilungen tun.

Gib deinen neuen Kollegen eine bestimmte Anzahl von Aufgaben, die sie in den Tagen und Wochen nach ihrem ersten Tag erledigen müssen, und stellen ihnen Ansprechpartner zur Verfügung, um sie auf Erfolgskurs zu bringen.

Schließlich solltest du mit ihnen gemeinsam Ziele für die ersten 30, 60 und 90 Tage im Job zu festlegen. Stell dann nach 30, 60 und 90 Tagen einen Termin ein, wo ihr beide reviewt, ob die Ziele erreicht wurden. Wurden die Ziele nicht erreicht, kläre, woran es gelegen hat und ob du deinen Mitarbeiter besser unterstützen kannst.

3.7 Tipps und Tricks

Plane häufige One-to-ones mit deinem Mitarbeiter

Sorge dafür, dass am Anfang häufiger Einzelgespräche zwischen dem neuen Teammitglied und dir stattfinden. Und zwar bis er sich mit seinen Aufgaben besser auskennt. Nimm dir die Zeit, den Arbeitsstil, die Vorlieben und Macken des neuen Angestellten kennenzulernen. Dies ist auch eine gute Gelegenheit für schnelles Feedback zu den ersten Arbeitsaufgaben, um sicherzugehen, dass er auf dem richtigen Weg ist.

Lass deinen Mitarbeiter immer diese One-to-ones vorbereiten mit einer Agenda und einem Ziel. Es muss auch nicht immer eine Stunde sein. Ich denke, dass in den ersten vier Wochen jeden Tag 30 Minuten ausreichen, wobei du einmal in der Woche eine ganze Stunde einplanen solltest. Ab dann für den nächsten Monat nur noch jeden zweiten Tag usw.

Baue Spontaneität ein

Spontane Interaktionen zwischen Kollegen können neuen Mitarbeitern helfen, Beziehungen zu ihrem Team aufzubauen und ein besseres Verständnis für die Unternehmenskultur zu bekommen. In einer Büroumgebung finden zufällige Gespräche normalerweise statt, wenn man sich einen Kaffee holt, darauf wartet, dass der Konferenzraum geräumt wird oder wenn man am Schreibtisch eines Kollegen vorbeikommt.

In einer Remote-Umgebung musst du diese spontanen Interaktionen absichtlich herbeiführen. Finde Gelegenheiten, um Gespräche zwischen deinem neuen Mitarbeiter und dem Rest des Teams zu ermöglichen. Wenn deine Firma zum Beispiel Slack verwendet, kannst du die Donut-Integration nutzen, um deinen neuen Mitarbeiter mit Mitarbeitern aus der ganzen Firma für virtuelle Kaffeetreffen zu verkuppeln.

Starte die Meetings immer vor der Zeit, und wenn dann alle da sind, fang nicht gleich mit dem eigentlichen Thema an. Das fühlt sich erstmal gar nicht richtig an – weil man es ja noch aus dem Büro gewohnt ist. Aber im wirklichen Leben ist das auch der Fall: Jeder trudelt nach und nach in den Meetingraum ein, man spricht über das Wochenende, den letzten Abend oder klärt mal schnell bilateral etwas Fachliches. Das geht auch online. Du musst den Meetingraum nur früher öffnen – glaub mir, da werden Menschen zu Früh da sein, es werden Kollegen pünktlich erscheinen und einige kommen zu spät. Wie im wirklichen Leben.

Ich mache das oft so: Ich starte das Meeting vor der Zeit, stelle mich stumm und hole mir dann einen Kaffee – es will ja nicht immer jeder den Chef dabeihaben und es ist auch ganz in Ordnung, wenn die Kollegen sich so einmal ein paar Minuten ungezwungen austauschen.

Zu guter Letzt organisiere ich das soziale Zusammensein – mit virtuellem Umtrunk, Mittagessen, Kaffeepausen. All dies hilft deinem neuen Mitarbeiter, eine Beziehung mit deinem Team aufzubauen. Der Nebeneffekt ist, dass dein Team dadurch auch näher zusammenrückt. Eben wie im wirklichen „unvirtuellen" Leben.

Sammle virtuelles Onboarding-Feedback

Gib deinen neuen Mitarbeitern das Gefühl, dass sie über ihren ersten Tag und ihre erste Woche hinaus geschätzt und gehört werden. Schicke eine Umfrage, um Feedback über deinen virtuellen Onboarding-Prozess zu sammeln.

Aus folgenden Fragen lässt sich ein prima so ein Fragebogen bauen:

- Wie zufrieden warst du mit deinem Onboarding allgemein?

- Wie zufrieden warst du mit der Unterstützung und den Informationen, welche du vor deinem ersten Arbeitstag bekommen hast?

- Haben die Informationen, die du vor deinem ersten Arbeitstag erhalten hast, dich gut auf das vorbereitet, was dich erwartet hat?

- Hattest du eine sachkundige Kontaktperson für jegliche Fragen, die du vor deinem ersten Tag hattest?

- Was hätte in den letzten paar Wochen vor deinem ersten

Arbeitstag besser laufen können?

- Was hätte deinen ersten Arbeitstag besser machen können?
- War an deinem ersten Arbeitstag alles gut organisiert und hattest du alles, um mit deiner Arbeit zu beginnen?
- Wusstest du, wo du zusätzliche Unterstützung bei persönlichen Anliegen oder bürokratischen Angelegenheiten bekommst?
- Wie gut war dein Vorgesetzter auf deine Ankunft vorbereitet?
- Hast du dich an deinem ersten Arbeitstag von deinen Kollegen willkommen gefühlt?
- Mein Vorgesetzter hat mich schnell in das Team integriert.
- Mir wurde klar und verständlich erklärt, wie meine Leistung bewertet wird.
- Hat dich dein Vorgesetzter schnell ins Team integriert?
- Wurde dir klar und verständlich erklärt, wie deine Leistung bewertet wird?
- Gibt dir dein Vorgesetzter regelmäßiges Feedback über deine Leistung?
- Erkundigt sich dein direkter Vorgesetzter regelmäßig bei dir, ob du noch Fragen hast?
- Wie gut verstehst du die Erwartungen und Verantwortungen deiner Arbeit?
- Wurden dir die Mission deiner Organisation und deine Rolle in der Erreichung dieser während des Onboardingprozesses

verdeutlicht?

- Stimmen die Stellenbeschreibung und das Bewerbungsgespräch mit deiner aktuellen Rolle überein?

- Bist du insgesamt zufrieden mit der Orientierung, welche du in den ersten Wochen im Job bekommen hast?

- Wie gut fühlst du dich im Team integriert?

- Hast du das Gefühl, dass du vom ersten Arbeitstag an gut auf deinen Job vorbereitet wurdest?

- Was würdest du einem Freund, der in deiner Organisation anfängt, sagen, worauf er sich einstellen muss?

- Was hättest du von deiner Organisation vor deinem ersten Arbeitstag gerne mitgeteilt bekommen?

- Wie würdest du deinen Onboardingprozess in einem Satz beschreiben?

- Welche Verbesserungsvorschläge hast du zu unserem Onboardingprozess?

- Wie wahrscheinlich ist es, dass du nach den ersten paar Wochen deinen Arbeitgeber weiterempfiehlst?

KAPITEL 4

Führung virtueller Teams

Hand aufs Herz: Vertraust du deinen Mitarbeitern? Denkst du, dass sie zu Hause ihre Arbeit erledigen und sich an die gesteckten Ziele halten? Oder denkst du, dass sie lange schlafen, mit den Kindern spielen, ihren Haushalt optimieren und den Garten verschönern?

Hier gilt: Reden hilft. Du musst dem Mitarbeiter nicht deine Zweifel anmelden. Vorbeugen ist besser als nacharbeiten. Wenn du über klare Ziele arbeitest, häufig mal einen Check-in machst, gibt es kein Problem. Denn dein Mitarbeiter weiß, dass du du für ihn da bist, wenn er dich braucht.

Bürotratsch und Flurfunk sind zwei wesentliche Elemente, die jeder für sein Team gerne verneinen würde. Tatsache ist aber: Genau das sorgt nicht nur für einen relativ einheitlichen Informationsstand – schließlich wird da ja nicht nur das zweifelhafte Outfit von Kollege B. besprochen, sondern letzten Endes auch für ein Zusammengehörigkeitsgefühl, das keine Zoom-Konferenz der Welt herstellen kann. Gute und relativ engmaschige **Kommunikation ist daher das A und O guter Teamkultur**, und das gilt für virtuelle Teams noch mehr als für vor Ort arbeitende Teams. Teammeetings, idealerweise per Video, sind da ein Muss. So können sich die Kollegen zumindest regelmäßig sehen.

Wichtig ist aber auch deine Rolle als Führungskraft in der Kommunikation. Achte darauf, dass du dich mit jedem Teammitglied auch einzeln unterhältst. Frage in diesem Zusammenhang auch unbedingt nach privaten Dingen. Denn so ein Lockdown ist für viele Menschen eine echte Herausforderung. Da ist die Familie ganz anders aufgestellt und man kann eben nicht einfach ins Büro fahren und hat für ein paar Stunden seine Ruhe. Erkundige dich daher auch ruhig einmal danach, wie es dem Mitarbeiter geht. Mach klar, dass du jederzeit ansprechbar bist.

In Zeiten allgemeiner Unsicherheit und vielfacher Überforderung, alles unter einen Hut zu bringen, kann die Motivation zur Arbeit ganz schnell nachlassen. Dem solltest du mit größeren Freiheiten der Mitarbeiter begegnen. Was spricht dagegen, dass deine Mitarbeiter zwar ihre Zeit arbeiten sollen, aber nicht an feste Zeiten gebunden sind? Ob dein Mitarbeiter dann arbeitet, wenn die Kinder im Kindergarten oder in der Schule sind oder ob er die Kinder betreut und dann eben bis deutlich später arbeitet, spielt in der Regel keine große Rolle. Wichtig ist, dass die Arbeit getan wird. Du als Führungskraft hast nichts davon, wenn du von einer Dreifachmutter oder -vater verlangst, neben drei brüllenden Kindern konzentriert zu arbeiten. Auch hier gilt: Kommunikation ist alles. Besprich ganz klar, dass du erwartest, dass die Arbeit getan wird. Teammeetings sind von solchen Regelungen natürlich ausgenommen.

Dadurch, dass sich die Mitarbeiter nicht mehr sehen, fühlen sie sich weniger miteinander, aber auch weniger mit der Firma verbunden. Wie wäre es, wenn du diesem mangelhaften Wir-Gefühl mit einer gemeinsamen virtuellen Video-Kaffeepause begegnest? In dieser Zeit wird nicht über die Projekte gesprochen, sondern eher über Privates. Wie in einer echten Kaffeepause eben.

Reduziere Technik auf ein notwendiges Maß. Wenn deine Mitarbeiter sich im Büro an den Computer setzen, gibt es diese bestimmten Programme, mit denen sie zu arbeiten haben. Arbeiten sie im Home-Office, kommen plötzlich noch zehn weitere Tools und Anwendungen hinzu. Das überfordert nicht nur, sondern demotiviert auch. Alles muss an hundert Stellen eingetragen werden. Bevor du dich für ein System entscheidest, überlege dir, was du wirklich brauchst. Es ist ein Kennzeichen einer guten Führungskraft, überlegt zu handeln. Sag nicht einfach zu allem ja, was dir angetragen wird. Bitte um Bedenkzeit in Maßen und entscheide dann, was wirklich gebraucht wird und was technische Spielerei ist.

Gerade Menschen, die gerne mit einem bestimmten Rhythmus arbeiten, haben oft Probleme, sich in ein neues Umfeld einzufinden. Das gilt auch für das Home-Office. Plötzlich muss man sich alleine organisieren und die Arbeit soll bitte genauso gut wie im Büro erledigt werden. Dazu kommen noch neue Tools, die bedient werden müssen. Es ist deine Aufgabe als Führungskraft, dafür zu sorgen, dass deine Mitarbeiter wissen, dass sie sich mit Fragen jederzeit an dich wenden können. Es gibt auch für langjährige Mitarbeiter keine dummen Fragen. Es kann sein, dass du gerade am Anfang eines rein virtuellen Teams als Führungskraft stärker gefragt bist – die verbesserten Ergebnisse sollten dir aber alle Mühe wert sein.

Egal wie diszipliniert und gut eingerichtet du bist: Ohne eine **klare Strategie** können sich Mitarbeiter im Home-Office im Zweifelsfall vom Zweck und der Mission eines Unternehmens abgekoppelt fühlen. Führungskräfte und Mitarbeiter müssen gemeinsam Ziele, kurzfristige Deadlines und klare Erwartungen an den jeweils anderen festlegen. Auf diese Weise lässt sich der Fortschritt besser überprüfen, Probleme schneller beheben und der Gesamtüberblick bleibt jederzeit erhalten.

Ergebnisse sind wichtig, nicht Stunden: Einer der Vorteile des Home-Offices ist es, dass es den Mitarbeitern Flexibilität ermöglicht. Allerdings nur, wenn die Führungskraft davon absieht Online-Anwesenheit zwischen 9.00 und 18.00 Uhr zu erwarten. Hier sollte sich die Führungskraft stattdessen auf die zu erbringenden Leistungen und die einzuhaltenden Deadlines konzentrieren.

Wenn man Ziele und Ergebnisse festlegt, sollte man an den Beitrag jedes einzelnen Mitarbeiters und nicht an die für die Arbeit aufgewendete Zeit denken. Jeder Mensch arbeitet in seinem eigenen Tempo und hat oft auch eine bestimmte Tageszeit, zu welcher er am produktivsten ist. Der Arbeitgeber sollte Verständnis dafür haben und seine Energie darauf konzentrieren, Mitarbeiter hinsichtlich ihrer Zielerreichung in die Pflicht zu nehmen.

Da man nicht alle seine Mitarbeiter im Büro sieht, sind Smalltalk, kleine Scherze und schnelle Fragen bei Remote Work quasi nicht vorhanden. Zwar ermöglichen E-Mails, Slack und Textnachrichten oft einen schnellen Austausch, sind aber nicht optimal, wenn man komplexere Probleme lösen muss. Außerdem kommen sie nicht an die gleiche Art von zwischenmenschlichem Kontakt heran, den man bei einer kleinen Plauderei im Gang erhält. Um diese Barrieren zu überwinden, muss man noch härter daran arbeiten, die Kommunikation unter den Teammitgliedern aufzubauen und aufrechtzuerhalten. Kaffeechats mit jedem der Mitarbeiter können eingerichtet werden. So fällt es einfacher, in Kontakt zu bleiben. Es lassen sich virtuelle Happy Hours, gemeinsame virtuelle Lunches vor dem Bildschirm und andere Dinge organisieren. Hier ist der Arbeitgeber gefragt „absichtlich" zufällige Begegnungen zu schaffen. Absichtlich, weil man sich im Büro ja eher zufällig auf dem Flur, im Aufzug, in der Kaffeeküche trifft, um sich dann zum Mittagessen zu verabreden.

Größere Ankündigungen oder auch Probleme sollten nicht per E-Mail gemacht bzw. gelöst werden. Die Führungskraft würde den Mitarbeiter mit der Interpretation im Home-Office allein lassen. Besser ist es, den Hörer in die Hand zu nehmen oder einen Videocall durchzuführen, um das Problem zu klären. Probleme dürfen nicht verschleppt werden. Denn wenn man sich länger nicht sieht, vergisst man viel leichter, dass am anderen Ende einer E-Mail ein Mitglied eines Teams sitzt und dass man zusammen und nicht gegeneinander arbeitet. Kommunikation ist der Kern der Führung und Erwartungen müssen klar kommuniziert werden. Wie du vielleicht schon gemerkt hast, zieht sich das durchs ganze Buch, denn hiermit steht und fällt der Erfolg im Home-Office. Die Teammitglieder müssen sowohl ihren Kollegen als auch ihren

Managern gegenüber zeitnah Rechenschaft ablegen. Es sollten Regeln für die Kommunikation aufgestellt werden, um Transparenz und Reaktionsfreudigkeit zu fördern. Beispielsweise kann man von allen Mitarbeitern erwarten, E-Mails innerhalb einiger Stunden zu bestätigen, also eine bestimmte Frist für die Beantwortung zu setzen.

Die Führungskraft muss sicherstellen, dass beide, Führungskraft und Team, klar kommunizierte Vereinbarungen darüber haben, wie eine Zusammenarbeit aussehen soll. Das reicht von der Einstellung von Abwesenheitsnotizen bis hin zu gemeinsamen Treffpunkten. Es sollte von vornherein festgelegt werden, wie im Fall von Abwesenheit oder Urlaub umzugehen ist, und es braucht im Home-Office mehr denn je Back-up-Pläne für Problemlösungen, wenn jemand offline ist.

Das sind wichtige Beiträge, die die Führungskraft sicherstellen muss. Virtuelle Teams werden uns sicher noch eine ganze Zeit begleiten. Da ist es wichtig, dass du dir deines Führungsstils bewusst wirst.

Letzten Endes kannst du gerade durch virtuelle Teams, die häufig international arbeiten können, wirklich gute Ergebnisse erzielen. Auf den folgenden Seiten gebe ich dir noch mehr Hilfestellungen, um ein virtuelles Team erfolgreich zu führen.

4.1 Führen von Mitarbeitern auf Distanz

Der Arbeitsplatz hat sich gewandelt. Einer der Gründe dafür ist die wachsende Fähigkeit der Mitarbeiter, aus dem Home-Office zu arbeiten. Aber da immer mehr Mitarbeiter außerhalb eines typischen Büroumfelds arbeiten, entwickelt sich auch die Arbeit der Führungskraft weiter.

Eine Studie nach der anderen zeigt, dass virtuelle Mitarbeiter im Großen und Ganzen deutlich produktiver sind als ihre Kollegen im Büro und auch deutlich zufriedener mit ihrer Arbeit. Du kannst das gerne überprüfen. Denn du wirst eine Vielzahl von Artikeln und Studien finden, die dies untermauern.

Zum Beispiel hat die Stanford University eine zweijährige Studie durchgeführt, die zum gleichen Ergebnis kam.[1]

Es gibt jedoch einige Vorbehalte. Zunächst einmal kann nicht jeder Job remote erledigt werden. Manche Arbeiten erfordern eine physische Präsenz.

Manche Mitarbeiter entwickeln sich nicht, wenn sie aus dem Home-Office heraus arbeiten. Vielleicht sind sie von ihrer Umgebung abgelenkt. Vielleicht sind sie nicht diszipliniert genug, um ihre Zeit und Anstrengungen effektiv zu verwalten, oder vielleicht brauchen sie einfach nur die menschliche Interaktion, die durch die Arbeit an der Seite anderer Mitarbeiter entsteht.

Was ist also der beste Weg, um diese Remote-Arbeiter effektiv zu managen?

Die Remote-Führungskraft hat vier Hauptaufgaben:

- Vertrauen aufbauen,

- Hindernisse aus dem Weg räumen,

- Teams und Teamkultur pflegen und

- die Arbeitslast und die Ergebnisse managen.

---

[1] Du kannst darüber im Inc. Magazine nachlesen: Inc. Magazine

In diesem Kapitel zur Führung virtueller Teams gehen wir jeden dieser Punkte der Reihe nach durch und ich werde dir einige Dinge zeigen, die du in die Praxis umsetzen kannst und die dir sofort helfen werden. Am Ende wirst du reale Werkzeuge haben, mit denen du euer virtuelles Team leiten kannst. Dann werden deine Mitarbeiter weiterhin zufrieden und produktiv sein.

Übung 1

Nimm dir einige Minuten Zeit und beantworte die folgenden zwei Fragen:

- Wie managt man effektiv Mitarbeiter, die man fast nie von Angesicht zu Angesicht sieht?

- Welche Änderung stellst du im Hinblick auf das direkte und vor Ort Führen von Mitarbeitern fest?

Übung 2

Nimm dir einige Minuten Zeit und denke über Folgendes nach:

- Was ist der beste Weg, um virtuelle Mitarbeiter effektiv zu managen?

- Was ist deiner Meinung nach die Hauptaufgabe einer virtuellen Führungskraft?

- Schreibe deine Ergebnisse stichpunktartig auf.

4.2 Vertrauen aufbauen

Ein Ziel einer virtuellen Führungskraft ist, Vertrauen aufzubauen, nicht nur zwischen sich und den einzelnen Mitarbeitern, sondern auch zwischen den virtuellen Mitarbeitern im Team.

Wie sieht das aus?

Ein wichtiges Element ist, über gut dokumentierte Verfahren zu verfügen, die konsequent befolgt werden.

Das ist für jedes Team wichtig – für virtuelle Teams ist es noch wichtiger.

Da die einzelnen Mitglieder des virtuellen Teams nicht so häufig miteinander interagieren wie ein Team an einem gemeinsamen Standort, haben sie viel mehr Gelegenheit, Dinge verschiedenartig zu interpretieren und umzusetzen. Deswegen ist im Vorfeld ein solides Verständnis für das WIE notwendig.

Rollen und Verantwortlichkeiten

Es liegt in der Verantwortung der Führungskraft, dafür zu sorgen,

dass jeder im Team seine Rolle versteht,

- dass es angemessene Definitionen für die anstehenden Aufgaben gibt und

- dass die einzelnen Aufgaben und Ergebnisse genau beschrieben werden.

Eine Führungskraft

- gibt den Teammitgliedern umsetzbare Ziele,

- reduziert Unklarheiten und

- schafft eine gemeinsame Basis.

All dies wird zu einem größeren Vertrauen im Team beitragen. Konsequenz, Transparenz und Anwendung ist hier wichtig.

Du als Führungskraft musst Regeln zu Verfahren und Leistung für alle im Team gleichermaßen anwenden. Wenn Mitarbeiter XYZ an einem bestimmten Standard gemessen wird und herausfindet, dass Mitarbeiter ABC damit durchkommt, dass er die Regeln nicht vollständig befolgt, wie z. B. nicht alle Daten erfasst oder die letzte Runde der Qualitätskontrolle nicht macht – was auch immer es ist –, wird er zu Recht verärgert sein.

Mitarbeiter XYZ wird zu Recht wissen wollen, warum das so ist.

Nicht in der Lage zu sein, eine gute Antwort zu geben, wird deiner Glaubwürdigkeit einen Schlag versetzen.

Es ist viel besser, seine Erwartung und die Regeln vorher zu formulieren, die von allen konsequent befolgt werden. Wenn man gleiche Ausgangsbedingungen schafft, ist es fair für das ganze Team.

Noch eine letzte Anmerkung: Halten sich viele Mitarbeiter nicht an die Regeln, kann das daran liegen, dass die Regeln nicht einhaltbar sind. Wenn das der Fall ist, ändere sie, aber dann setz die neuen auch durch.

Übung

Deine Firma hat sicherlich eine ganze Reihe von Regeln und Verfahren. Nimm einmal die Perspektive eines Mitarbeiters ein und überlebe, was deiner Meinung nach besonders wichtig zu regeln ist.

Schreibe deine Ergebnisse stichpunktartig auf.

4.3 Normen und Regeln vereinbaren

Nur weil es in der Verantwortung der Führungskräfte liegt, dafür zu sorgen, dass Normen und Verfahren vorhanden sind, heißt nicht, dass sie die Einzigen sind, die sie entwickeln.

Tatsächlich ist es entscheidend, dass Führungskräfte den Input des Teams erhalten, wenn sie Prozesse standardisieren oder Ziele setzen.

Zuallererst sind deine Teammitglieder die Experten für das, was nötig ist, um die Arbeit zu erledigen. Sie sind diejenigen, die wissen, welche Schritte unternommen werden müssen und in welcher Reihenfolge. Sie können auch am besten beurteilen, was sie im Home-Office benötigen und was einheitlich geregelt werden sollte.

 Deine Mitarbeiter wissen, wo der Prozess ins Stocken geraten kann: Vielleicht gibt es einen Punkt, wo jemand von außerhalb des Teams gebraucht wird. Vielleicht gibt es einen manuellen Prozess, der automatisiert werden sollte. Oder es werden Informationen benötigt, die nicht über Standard-Eingabeformulare bereitgestellt werden, und die Teammitglieder müssen diese dann recherchieren.

Wie dem auch sei, das Team in die Gestaltung von Prozessen mit einzubeziehen bedeutet, dass alle für den Prozess und seinen Erfolg arbeiten werden.

Ich denke auch, dass es sehr wertvoll ist, eine Vereinbarung zur Teamarbeit zu treffen:

- Wie wollen die Teammitglieder kommunizieren?

- Wann werden die Mitarbeiter verfügbar sein?

- Was sind einvernehmliche Serviceniveaus und Durchlaufzeiten?

- Wer ist verfügbar, um bei bestimmten Aufgaben zu helfen?

Eine gemeinsam erstellte Checkliste ist ein gutes Tool, das man auch beim Onboarding neuer Teammitglieder einsetzen kann. Wenn man den Mitarbeitern ein gutes Verständnis dafür vermittelt, wie das Team funktioniert, können sie sich schneller integrieren.

Das wird auch die Interaktionen im Team erleichtern, Vertrauen zwischen den Teammitgliedern aufbauen und Verantwortlichkeit untermauern. Alles wichtige Faktoren für den Erfolg des gesamten Teams.

Aber am Ende des Tages ist es deine Aufgabe als Führungskraft, diesen Prozess zu leiten. Und es liegt in deiner Verantwortung, dafür zu sorgen, dass alles, was das Team braucht, auch vorhanden ist. Inklusive Normen und Regeln.

Übung

Du hast im letzten Kapitel die Perspektive eines virtuellen Mitarbeiters eingenommen und die Frage beantwortet, was deiner Meinung nach wichtig zu regeln ist. Hol deine Notizen nochmal heraus.

Überlege nun, welche Normen und Regeln du brauchen könntest, wenn du ein virtuelles Team führst. Sind aus deiner Sicht andere Dinge zu regeln als aus der Sicht eines Mitarbeiters?

Schreib alles auf, nimm beide Perspektiven und erstelle dir eine Checkliste.

Du solltest diese Liste nun mit deinem Team besprechen. Was hast du vergessen? Was ist zu viel?

4.4 Förderung von Gleichheit und Transparenz

Es ist wirklich wichtig, sicherzustellen, dass es eine Gleichbehandlung zwischen den Mitarbeitern im Team gibt. Wenn einige Mitarbeiter bevorzugt werden oder nicht am gleichen Maßstab gemessen werden, wird das die Runde machen, und wenn das geschieht, wird der Rest des Teams bestenfalls verärgert sein. Und es reicht hier schon den Anschein zu erwecken – es muss aus deiner Sicht nicht mal der Fall sein, dass du jemanden bevorzugst.

Informationen offen teilen

Ein nützlicher Ansatz – außer einfach niemanden zu favorisieren – besteht darin, darauf zu achten, dass Informationen offen im gesamten Team geteilt werden (es sei denn, sie müssen vertraulich behandelt werden).

Es könnte tatsächlich einen sehr guten Grund dafür geben, dass Mitarbeiter ABC für den nächsten Monat nur an einzelnen Tagen arbeiten muss. Vielleicht hat er eine Art familiären Notfall oder er besucht eine Weiterbildung. Wie dem auch sei: Die Tatsache, dass er im Grunde für eine Weile nur Teilzeit arbeitet, sollte dem gesamten Team so schnell wie möglich mitgeteilt werden.

Je nach Vertraulichkeitsgrad musst du nicht genau mitteilen, warum. Aber zumindest ist es mitgeteilt worden. Das Team weiß, womit es rechnen kann. In so einem Fall ist es immer eine gute Idee, im Team, einschließlich der betreffenden Person, zu besprechen, wie ihr mit der Abwesenheit umgeht.

Für dich als Führungskraft ist es wichtig, dass du das gesamte Team so weit wie möglich einbeziehst. Das transparente Teilen von Informationen hilft gleichermaßen, die Teamidentität aufzubauen. Es trägt dazu bei, Verwirrung zu vermeiden und zu verhindern, dass sich die Teammitglieder ausgegrenzt fühlen.

Natürlich darfst und musst du private Gespräche mit Teammitgliedern haben. Gehälter, Leistungen und andere heikle Themen sollten privat bleiben.

Was ist mit einem gelegentlichen freundschaftlichen Austausch?

Sicher, aber hüte dich ein bisschen vor diesem Thema. Wenn du eine freundschaftlichere und persönlichere Beziehung zu einigen Mitarbeitern im Team hast, musst du besonders darauf achten, dass dies deine Beziehungen zum Rest des Teams nicht beeinträchtigt. Du musst jedem in deinem Team die gleiche Zeit und die gleichen Chancen geben. Wenn du das nicht tust, wird das der Dynamik deines Teams schaden.

Übung

Was kann passieren, wenn dein Team denkt, du bevorzugst jemanden?

Schreibe einmal auf, welche Auswirkungen du befürchtest. Dann überlege, wie du das verhindern kannst (außer natürlich jemanden nicht zu bevorzugen).

4.5 Gute Leistungen erkennen und belohnen

Also, wie ich schon sagte: Behandle alle gleich, bis es an der Zeit ist, die Mitarbeiter besonders zu behandeln. Nein, ich widerspreche mir nicht.

Wenn ein Mitarbeiter ausgezeichnete Arbeit abliefert, willst und musst du das erkennen.

Aber der Schlüssel dazu liegt darin, wie du es tust.

Wenn ein Teammitglied etwas Hervorragendes leistet, hat das ganze Team gewonnen und das ganze Team sollte wissen, wer und warum gefeiert wird.

Ein Beispiel aus dem wirklichen Leben

Eine Firma hat eine über den gesamten Planeten verteilte Vertriebsorganisation. In Slack gibt es einen Channel, in dem der Regionalverantwortliche die erfolgreichen Deals des Tages bekannt gibt. Gewonnener Kunde, voraussichtlicher Umsatz und das Team oder die Menschen, die beteiligt waren.

Das sind ja nicht nur die Vertriebsmitarbeiter. Da sind eine Menge Menschen beteiligt, die alle genannt werden wollen. Wenn einer vergessen wird, dann ist auf anderen Kanälen der Teufel los.

Oft wird nur eine Person genannt, die für den Erfolg verantwortlich gemacht wird. Da meistens aber mehrere Personen hinter einem erfolgreichen Projekt stecken, hier ein paar Regeln:

- Erstens musst du beim Loben sehr, sehr konsequent sein. Wenn du Glückwünsche nur an eine Person schickst, musst du sie an alle schicken, die die gleichen Kriterien erfüllen. Wenn du das nicht schaffst, führt das zu Ressentiments, Wahrnehmung von Bevorzugung und Schlimmeren.

- Die zweite Sache ist ziemlich offensichtlich. Wenn du jemanden maßregeln musst, weil er nicht die gewünschte Leistung bringt, dann ist das ein privates Gespräch. Öffentliches Zurschaustellen ist kein gutes Rezept für Teamgeist.

Wenn es verfehlte Teamziele sind, ist es in Ordnung, das mit und vor dem Team anzusprechen, aber sei vorsichtig, wenn du jemals auf einen einzelnen Mitarbeiter weisen willst.

Ein weiterer offensichtlicher Punkt (aber ich werde ihn trotzdem erwähnen) ist:

Wenn deine Anerkennung von individuellem Erfolg von irgendeiner Art von konkreter Belohnung begleitet wird, einem Bonus, einer Geschenkkarte für Amazon, einer Grußkarte, irgendetwas, dann musst du sicher sein, dass alle ähnlichen Erfolge ähnlich belohnt werden. Gleichbehandlung, Gleichbehandlung, Gleichbehandlung.

Ich garantiere dir: Wenn du die Mitarbeiter unterschiedlich behandelst, werden sie das herausfinden, und wenn sie das herausfinden, wird das der Art und Weise, wie sie dich und das Team sehen, schaden.

Übung

„Nicht geschimpft ist genug gelobt ..." Wie sieht es bei dir mit Anerkennung aus? Lobst du deine Mitarbeiter? Wie machst du das heute? Was ist der Unterschied zwischen virtuell und live?

Erstelle eine Checkliste, was du tun möchtest.

4.6 Persönliche Treffen

Ich bin ein großer Fan davon, mich mit Mitarbeitern über Video-Chat zu verbinden. Im Laufe der Jahre habe ich es genutzt, um gute Beziehungen zu Mitarbeitern auf der ganzen Welt aufzubauen, von denen ich einige noch nie persönlich getroffen habe.

Allerdings stärkt nichts eine persönliche Verbindung so sehr wie die physische Interaktion mit jemandem, von Angesicht zu Angesicht im wirklichen Leben.

Ich denke, das ist einfach die menschliche Natur. Für fast jeden, egal wie gut die virtuelle Präsenz ist, ist die physische Präsenz besser. Wenn du also dein Team von virtuellen Mitarbeitern leitest, halte Ausschau nach Gelegenheiten, alle an einem Ort zusammenzubringen.

Ich habe einmal eine Firma mit Standorten in Hamburg, Köln, Leipzig und München geführt. Damit sich die Mitarbeiter sehen können, haben wir versucht zweimal im Jahr ein Gesamtevent zu veranstalten. Einmal im Sommer, einmal im Winter. Dabei ging es nicht immer ausschließlich um Fachliches – Teambuilding und das Kennenlernen waren auch ein wichtiger Bestandteil. Im Sommer haben wir z. B. nach einer morgendlichen Strategiesession 200 Mitarbeiter durchmischt und nachmittags auf eine Schnitzeljagd geschickt – bei der sie Rätsel in der Stadt lösen mussten. Das diente als Auftakt zu einer Abendveranstaltung. Im Winter Ähnliches, nur mit Weihnachtsmarkt.

Ich sehe diese Treffen als weitaus wertvoller an als die Kosten. Das ist die Zeit, in der die Mitarbeiter sich verbinden. Pläne werden dann geschmiedet, Beziehungen werden gestärkt. Die Kosten für die Durchführung werden durch die entstandenen Vorteile mehr als aufgewogen.

Im Führungskräfte-Team haben wir uns alle 4-6 Wochen an einem Standort getroffen. So musste alle reisen – und jeder bekam den Arbeitsplatz und die Umgebung des anderen zu sehen. Ganz zu schweigen, dass man sich so spielerisch mit den kulturellen Unterschieden auseinandersetzen kann, die auch Deutschland von Nord nach Süd und von Ost nach West zu bieten hat. In diesen Off-sites haben wir über unsere Strategie gesprochen, ob wir noch on track waren, und die Gelegenheit genutzt, ein besseres Team zu werden.

Ich selbst bin so gut wie jede Woche zu einem anderen Standort geflogen. Das wöchentliche Teammeeting habe ich so mal in Hamburg, mal in München, mal in Leipzig oder Köln geleitet oder daran teilgenommen.

Auch wenn es keine Meetings gab, habe ich einfach von einem anderen Standort aus gearbeitet, um mehr Kontakt mit meinen

Mitarbeitern zu haben.

Das ist gar nicht so selten. Bezirks- und Regionalmanager im Vertrieb machen das die ganze Zeit.

Wenn mehr als eine Person in einem Gebiet ist, kannst du ein Mini-Meeting machen, in dem alle zusammenkommen.

Ich kann dir aus Erfahrung sagen, dass dies einen enormen Einfluss auf dein Team haben wird, und die Beziehungen, die sie während des Besuchs aufbauen, können ihr Leben verändern. Wie ich schon sagte, es ist vielleicht nicht möglich, aber wenn es eine Chance gibt, Gelegenheiten für persönlichen Kontakt zu schaffen, dann solltest du das in Betracht ziehen und alles tun, um es möglich zu machen.

Übung

Physische Meetings

Hast du Mitarbeiter an anderen Standorten? Wenn es zu aufwendig ist, dass alle zu dir kommen, wie oft warst du schon bei ihnen? Solltest du das öfter machen? Welche Vorteile bringt das dir und dem Team?

Erstelle eine Liste von Pros und Cons zu der Frage, was es bringt, wenn du regelmäßig deine virtuellen Teammitglieder besuchst. Triff eine Entscheidung, wie du weiter vorgehen möchtest.

Pros...

Cons...

4.7 Die verbindende Rolle der Führungskraft

Wenn du meinem Podcast „Dein Team, Deine Pflicht" folgst, weißt du, dass ich ein ziemlich klares Bild über die Rolle der Führungskraft in einem Team habe. Die Hauptaufgabe der Führungskraft ist, dafür zu sorgen, dass das Team alles hat, was es braucht, um seine Arbeit erfolgreich zu erledigen.

Die Führungskraft krempelt vielleicht die Ärmel hoch, um mit anzupacken, aber das ist nicht ihre Hauptaufgabe.

Vielmehr hast du als Führungskraft die Verantwortung dafür,

- die Leistung des Teams,
- die Einhaltung der Termintreue und
- die Arbeitsbelastung zu überwachen und
- sicherzustellen, dass alles wie geplant zusammenkommt.

Zusätzlich zu diesen Themen hat die Führungskraft eines virtuellen Teams einige besondere Aufgaben. Sie fungiert als Drehscheibe, die das geografisch getrennte Team verbindet. Du als Führungskraft bist die primäre Kontaktperson und sorgst für den Informationsfluss.

Das soll nicht heißen, dass es keine direkte Kommunikation zwischen den virtuellen Mitarbeitern und der Firma geben sollte. Es sollte solche Kontakte auf jeden Fall geben, aber die Führungskraft spielt eine zentrale Rolle für das Team. Dies ist nicht ganz einfach, aber wir werden noch auf einige Möglichkeiten eingehen, wie du als virtuelle Führungskraft diese Herausforderung meistern kannst.

Regelmäßige Teammeetings

Besonders wichtig für dich als Führungskraft eines virtuellen Teams ist, dass die Kommunikationswege offen sind und offengehalten werden. Das bedeutet, dass du häufigen und regelmäßigen Kontakt mit all deinen Teammitgliedern haben musst, sowohl einzeln als auch als Gruppe.

Neben dem wöchentlichen Jour fixe macht es virtuell noch mehr als Sinn, auch Daily Stand-ups zu haben. Wo liegt der Unterschied zum Daily im Büro? Im Büro gibt jeder kurz ein Update und man beschränkt sich auf das Wesentliche. Entgegen dieser Regel sind die täglichen Stand-ups bei einem virtuellen Team ausführlicher. Die Dailys können als Substitut zum morgendlichen „Wir ratschen und tauschen" dienen. Besonders auch über private Dinge – die kleinen Dinge des Lebens. Das ist extrem wichtig, da es den Zusammenhalt der Gruppe fördert.

Dies ist zwar wichtig für alle Führungskräfte, aber besonders für die virtuelle Führungskraft, da eine zufällige Begegnung, wie z. B. in einer Kaffeeküche, nicht gegeben ist. Die Meetings sind deine einzigen Kontakte mit deinem Team, du musst sie nutzen.

Tipp: Ermutige deine Teammitglieder, die Tagesordnung für diese Meetings festzulegen. Das kann alles sein, von projektspezifischen Diskussionen bis hin zu Entwicklungsgesprächen.

Bitte nicht absagen

Führungskräfte, die ständig Teammeetings verschieben oder absagen, senden eine Botschaft. Nämlich, dass diese Meetings nicht so wichtig sind. Sind sie aber, selbst wenn es mal nicht so viel zu besprechen gibt. (Wenn das der Fall ist, dann führe das Meeting dennoch durch. Das gibt den virtuellen Mitarbeitern die Gelegenheit, sich kurz auszutauschen. Einen regelmäßigen Termin zu haben, auch wenn es nur ein schneller Austausch ist, wird die Beziehung des Teams verbessern.)

Ich glaube wirklich, dass die Führungskraft niemals Meetings absagen sollte, es sei denn, es handelt sich um einen Notfall. Ich finde es ehrlich gesagt respektlos, wenn Führungskräfte Termine mit Mitarbeitern absagen. Wenn der Mitarbeiter absagen will, ist das eine andere Geschichte. Komm ihm entgegen, aber lass ihn nicht mehr als einmal hintereinander absagen. Das gilt übrigens auch für Einzelmeetings.

Regelmäßig stattfindende Meetings sind so wichtig. Auch wenn es nicht viel zu besprechen gibt, ist jedes Meeting eine Gelegenheit, den Zusammenhalt zwischen den Mitgliedern des Teams aufzubauen.

Weitere Ideen aus der Praxis

Du als Führungskraft solltest die Teammitglieder auch dazu ermutigen, über Dinge zu sprechen, die vielleicht nicht teambezogen sind: andere Projekte, an denen sie arbeiten, oder nicht arbeitsbezogene persönliche Themen. Wenn du so vorgehst, haben die Teammitglieder die Möglichkeit, sich als Mitarbeiter und nicht nur als Rädchen im Getriebe kennenzulernen. Mehr über Kollegen und Mitarbeiter zu wissen, schafft die Möglichkeit für mehr Einfühlungsvermögen, was den Gruppenzusammenhalt und die Gemeinschaft festigen wird.

Eine weitere Idee aus der Praxis, um das Gemeinschaftsgefühl im Team zu fördern, ist, jedes Meeting einfach früher zu starten. Das ist dann so wie bei einem normalen Meeting – da kommen einzelne Teilnehmer ja auch früher und haben somit die Möglichkeit auf einen Austausch. Jedes Mal, wenn ein neues Mitglied dem Team beitritt, muss es die Chance haben, sich in seinem ersten Meeting vorzustellen.

Zusätzlich zu den Teammeetings muss sich die Führungskraft in Einzelgesprächen Zeit nehmen, um auf persönlicher Ebene zu interagieren. Dabei darf es nicht immer nur ums Geschäft gehen. Es ist wichtig, deine Mitarbeiter als Individuen kennenzulernen:

- Was reizt sie?

- Was motiviert sie?

- Wo fühlen sie sich blockiert (entweder bei der Arbeit oder persönlich)?

- Was ist ihr Kommunikationsstil im Vergleich zu deinem?

- Wie kann man am besten Informationen teilen oder erhalten?

Und noch eine letzte Sache. Ich bin sehr dafür, Videoanrufe statt nur das Telefon zu benutzen. Ich glaube, dass die Möglichkeit, jemanden am anderen Ende der Leitung zu sehen, auch wenn man physisch nicht am selben Ort ist, eine viel stärkere Beziehung viel schneller herstellt. Nutze alles, was du kannst, um Kommunikationsbarrieren zu beseitigen. Also bring deine Teammitglieder dazu, ihre Videokameras einzuschalten und ihre Gesichter zu zeigen.

Übung

Gelegenheiten schaffen

Wenn alle oder Teile des Teams virtuell arbeiten, dann gibt es keine zufälligen Begegnungen mehr. Überlege dir, welche Möglichkeiten du „schaffen" kannst, damit auch die virtuelle Mitarbeiter Zufälle erleben.

4.8 Teamziele

Als Führungskraft eines virtuellen Teams hast du Mitarbeiter, die über den ganzen Ort verstreut sind. Aber welche Denkweise willst du vermitteln? Dass deine Mitarbeiter ein Team sind, dass sie eine Gruppe sind, die auf ein gemeinsames Ziel hinarbeiten, und nicht nur ein Haufen isolierter Individuen.

Suche daher immer nach Möglichkeiten für deine Teammitglieder, zusammenzuarbeiten und zu kollaborieren, wann immer es möglich ist. Ein gemeinsames Ziel kann hier helfen.

Gemeinsame Ziele bringen mehrere Vorteile für die Teambildung.

Zunächst einmal schafft eine erfolgreiche Zusammenarbeit bei der Arbeit Vertrauen zwischen den Teammitgliedern. Wenn Mitarbeiter zusammengearbeitet haben und erfolgreich waren, gewinnen sie Vertrauen in die Fähigkeiten und die Zuverlässigkeit ihrer Partner.

Sie bekommen auch eine bessere Vorstellung davon, was diese

Fähigkeiten sind. Es kann sein, dass es im Team Mitarbeiter gibt, die Erfahrung mit bestimmten Prozessen oder Technologien haben, und das ist vielleicht nicht allgemein bekannt. Die direkte Zusammenarbeit mit anderen Teammitgliedern an Projekten kann diese Fähigkeiten offenlegen.

So gehst du vor:

Sorge dafür, dass sehr klare Ziele und Prioritäten für das Team gesetzt werden. Das ist natürlich immer wichtig. Bei einem virtuellen Team ist es noch wichtiger.

Der wahrscheinlich einfachste Weg, dies zu erreichen, besteht darin, dass man immer mit dem gesamten Team umfassend darüber spricht, was diese Prioritäten sind. Die regelmäßigen Meetings eignen sich, um häufig zu rekapitulieren, und geben dem Team viel Gelegenheit, sich über eventuelle Herausforderungen auszutauschen.

Es ist nicht in Ordnung, mit kleineren Gruppen zu kommunizieren, wenn nicht das ganze Team an einem bestimmten Projekt oder einer bestimmten Leistung beteiligt ist.

Warum immer mit dem gesamten Team über Teamziele sprechen?

Der erste Grund ist, dass dadurch die Bildung von Untergruppen innerhalb des Teams vermieden wird. Diskussionen in kleineren Gruppen sind bei einem Team, das sich an einem gemeinsamen Standort befindet, ja vielleicht noch akzeptabel. Bei einem virtuellen Team muss man aber besondere Anstrengungen unternehmen, um diese Grüppchenbildungsmentalität in den Griff zu bekommen. Es ist hilfreich, die Teamziele immer als Team zu diskutieren. Auch wenn nicht alle Teammitglieder ein Interesse daran haben, sollten sie die Möglichkeit haben, die Diskussion zu hören.

Der zweite Grund ist, dass es manchmal Zusammenhänge zwischen Aufgaben gibt, die nicht jeder kennt. Es kann sein, dass das

Projekt, an dem Mitarbeiter A und Mitarbeiter B arbeiten, direkte Auswirkungen auf die Arbeit hat, die Mitarbeiter C leisten wird. Wenn man Mitarbeiter C im Home-Office jetzt die Möglichkeit gibt, etwas über die Arbeit der anderen beiden zu erfahren, wird er einen anderen Einblick in seine eigene Arbeit bekommen, die er machen wird, und vielleicht sogar den Ansatz ändern, den er verfolgen wollte.

Auch auf die Gefahr hin, übermäßig zu kommunizieren: Teilen, teilen und teilen.

Überkommunizieren ist viel besser als Unterkommunizieren und wird auf lange Sicht viel weniger Schaden anrichten.

Übung

Teamziele setzen

Im Deutschen wird Team oft mit „toll, ein anderer machts" gleichgesetzt. Im Englischen heißt es mehr „together everyone achieves more".

Überlege dir, welche Ziele für ein Team sinnvoll sein können. Formuliere ein Ziel für dein Team.

4.9 Virtuell Feedback geben

Jetzt hast du hoffentlich eine regelmäßige und sinnvolle Kommunikation mit deinen Teammitgliedern gehabt, so dass du bereits eine gute Beziehung aufgebaut hast. Aber selbst bei starker Sympathie und sehr guter Beziehung bringt es besondere Herausforderungen mit sich, Feedback an Remote-Mitarbeiter zu geben.

Du musst dich virtuell viel mehr anstrengen. Virtuelles Feedback ist anders als ein kurzes regelmäßiges oder kleines Feedback, das du jemandem z. B. gibst, wenn du ihn zufällig in der Kaffeeküche triffst.

Alle Gespräche mit einem virtuellen Mitarbeiter sind das Ergebnis von anstrengenden Bemühungen, regelmäßig und bewusst in Interaktion zu treten. Da man ja kaum zufällig auf jemanden trifft, um ihm etwas zu sagen, muss alles umso geplanter sein. So ist das auch und besonders beim Feedbackgeben.

Die erste Überlegung: welches Kommunikationsmittel passt zur Botschaft?

- Chat oder gar E-Mails eignen sich nicht, um wichtiges Feedback zu geben. Es ist in Ordnung, eine „Gut gemacht!"-SMS für eine besondere Leistung zu verschicken, solange man darauf eine umfassendere Unterhaltung folgen lässt.

- Regelmäßige, wöchentliche Meetings sind eine perfekte Gelegenheit, sowohl Feedback von Mitarbeitern zu erhalten als auch zu geben.

Deine persönlichen Meetings sollten, wann immer möglich, per Video-Call stattfinden. In der Lage zu sein, das Gesicht des anderen zu sehen, ist viel nachhaltiger als nur ein Telefonanruf.

Wenn du die Möglichkeit hast, positives Feedback zu geben, sollte es spezifisch sein, nicht nur: „Du hast gute Arbeit geleistet", sondern wie und warum du so denkst.

Es ist wichtig, dass dein Mitarbeiter weiß, dass du seine Arbeit verstehst.

Negatives Feedback virtuell zu geben ist schwieriger. Niemand gibt gerne schlechte Nachrichten weiter und jeder neigt dazu, unangenehme Aufgaben aufzuschieben. Es muss getan werden. Und es gibt Wege, es für jeden einfacher zu machen:

- Beginne damit, das zu beschreiben, was du als das Problem und seine Konsequenzen siehst.

- Dann frage das Teammitglied nach seiner Sichtweise.

- Hör genau zu; es kann sein, dass dein Mitarbeiter einen Kontext liefert, dessen du dir nicht bewusst bist.

Wenn er fertig ist, frage nach seinen Vorschlägen, um das Problem zu beheben.

Das Ziel ist es, deine Teammitglieder zu einem Teil der Lösung zu machen, anstatt nur ihre Entschuldigungen und Erklärungen entgegenzunehmen und dann deine Anweisungen zu erteilen.

Mach dies so kooperativ wie möglich.

Normalerweise würde man meinen, dass du nach allen Einzelgesprächen eine Zusammenfassungs-E-Mail schreiben solltest, in der die wichtigsten Punkte festgehalten werden. Aber es ist besser, das den Mitarbeiter machen zu lassen. Du stellst damit sicher, dass ihr das gleiche Verständnis habt. Da ihr eure Vereinbarung nun schriftlich habt, gibt es sowohl dir als auch dem Mitarbeiter die Möglichkeit, bei Bedarf um Klärung zu bitten.

Du solltest dem Teammitglied Zeit zum Sprechen lassen. Vielleicht möchten deine Teammitglieder über ihr Arbeitspensum sprechen oder über Ideen, die sie gehabt haben, oder über ihre Gedanken zu ihrer weiteren Entwicklung.

Es kann auch sein, dass Probleme auftauchen, mit denen sie konfrontiert sind, von denen du nichts weißt, oder dass sie Fragen zu ihrer Leistung haben, die du noch nicht angesprochen hast.

Kurz und gut, du strebst nach einer offenen und ehrlichen Kommunikation, die nicht stattfinden wird, wenn du keine offenen und ehrlichen Gespräche hast. Mache die persönlichen Gespräche deines virtuellen Teams zu einer Priorität. Es ist jede Sekunde eurer Zeit wert!

Übung

Feedback geben

Denke an letzte Woche: Wo hättest du besser Feedback geben sollen? Warum hast du es nicht getan? Wie kannst du Feedback besser in deinen Wochenablauf einbauen? Mach dir einen Plan, wem du wann Feedback geben möchtest. Es gibt immer einen Grund, jemandem Feedback zu geben.

4.10 Veränderung kommunizieren

Die Realität ist, dass sich immer alles ändert.

- Projekte werden abgeblasen oder werden plötzlich überkritisch.
- Strategische Ziele bewegen sich in neue Richtungen.
- Dein Vorgesetzter oder andere Mitarbeiter übernehmen neue Rollen und Aufgaben.
- Es kommen neue Kollegen dazu oder es verlassen Mitarbeiter das Team.

All diese Veränderungen haben das Potenzial, Unsicherheit und Stress zu verursachen.

Dies ist bei virtuellen Mitarbeitern vielleicht noch größer, da sie sich nicht auf dem Laufenden halten können, was in der Zentrale passiert.

Deshalb ist es für die Führungskraft eines virtuellen Teams wichtig, jede Änderung der Ziele oder Priorität des Teams sofort mitzuteilen.

Merke: Wenn Informationen nicht umgehend kommuniziert werden, dann riskierst du alles andere, was du unternimmst!

Du solltest dem Flurfunk immer einen Schritt voraus sein. Und mach dir nichts vor, auch bei virtuellen Teams gibt es Flurfunk. Mitarbeiter organisieren sich in Slack- oder WhatsApp-Gruppen, um sich als Flurfunk-Ersatz auszutauschen – ohne dich.

Ich habe Organisationen erlebt, die sich wegen schlecht kommunizierter Änderungen selbst gelähmt haben. Jeder wusste, dass etwas passieren würde, aber niemand wusste, wie er reagieren sollte, und so haben sich viele Mitarbeiter einfach hingesetzt und eine Zeit lang nichts getan. Wie im richtigen Leben – nur virtuell ist das dann doch einfacher.

So solltest du vorgehen:

So schnell wie möglich eine E-Mail-Nachricht mit einer Zusammenfassung aller Veränderungen verschicken, der fast sofort ein Teammeeting folgt.

Nutze das Teammeeting, um so viele Details wie möglich über die Veränderung mitzuteilen, und gib den Mitarbeitern die Möglichkeit, ihre Reaktionen zu äußern.

Dann fangt an zu diskutieren, wie das Team auf die Änderung reagieren wird, und lasst euch viel Zeit für den Input. Versucht, alle Entscheidungen so gemeinschaftlich wie möglich zu treffen. Wenn du das Buy-in des Teams hast, wird die Umsetzung einfacher.

Wenn das Meeting zu Ende ist, schickst du eine Follow-up-E-Mail an das Team, in der du die Diskussion und die getroffenen Entscheidungen dokumentierst.

Sofern sich die Änderung auf einige Teammitglieder mehr als auf andere auswirkt, plan Zeit ein, um dich separat mit ihnen zu besprechen, aber teil die Ergebnisse dieser Diskussionen anschließend dem gesamten Team per E-Mail mit.

Und wenn einzelne Mitglieder des Teams besondere Anliegen haben, über die sie sprechen müssen, nimm dir Zeit für sie. Wenn du dich ein bisschen mehr um die Mitarbeiter kümmerst, schirmt das nicht nur mögliche Probleme ab, sondern stärkt auch die Bindungen zwischen dir und dem Teammitglied und hilft, dein echtes Einfühlungsvermögen zu zeigen.

Wie schon bereits mehrfach gesagt: Kommuniziere, kommuniziere und kommuniziere.

Übung

Veränderung kommunizieren

Welche Veränderung steht an? Mach einen Plan, wie du vorgehen willst. Wie wirst du das Buy-in deiner virtuellen Mitarbeiter einholen?

In diesem Kapitel ging es um einige der einzigartigen Herausforderungen, die die Arbeit mit einem virtuellen Team mit sich bringt, und darüber, wie man diesen Herausforderungen begegnen kann.

Zunächst haben wir definiert, was die vier Hauptpunkte der Rolle einer virtuellen Führungskraft sind:

- Vertrauen aufbauen,

- Hindernisse beseitigen,

- Teamgeist aufbauen und pflegen sowie

- die Arbeitslast und Ergebnisse managen.

Vertrauen im Team und zwischen den Teammitgliedern und der Führungskraft aufzubauen ist ein wichtiger Faktor, um die Interaktionen zwischen den Teammitgliedern zu optimieren und die Kommunikation insgesamt zu verbessern. Sorge für Konsistenz durch Vereinbarungen und Normen, fördere Gleichheit und Transparenz wo immer du kannst.

Zweitens gilt es, Hindernisse zu beseitigen. Achte darauf, dass deine Teammitglieder alles haben, was sie für ihre Arbeit brauchen, egal ob es sich dabei um Hardware, Dienstleistungen oder den Zugang zu Firmeninformationen handelt. Schaff Gelegenheiten für Interaktionen zwischen den Teams.

Teamgeist zu pflegen bedeutet, deine Rolle als Dreh- und Angelpunkt zu verstehen. Es bedeutet, in regelmäßigem und häufigem Kontakt zu stehen, sowohl mit dem Team als auch mit dem Mitarbeiter. Es bedeutet, deine Beziehung zu virtuellen Teammitgliedern zu vertiefen, Einfühlungsvermögen zu zeigen und eine Teamidentität zu fördern.

Feedback und Veränderungen sind für virtuelle Teams eine besondere Herausforderung.

Wenn man virtuelle Führung in einem Wort zusammenfassen müsste, dann ist es Kommunikation. Die offene Kommunikation mit deinen virtuellen Teammitgliedern ist der größte Einzelfaktor, um dein Team erfolgreich zu führen.

Übung

Was ist das Wichtigste bei virtueller Führung? Wenn du nur ein Wort sagen dürftest, welches Wort wäre das und warum?

4.11 Wie hybride Arbeit aussehen könnte

Ich persönlich habe schon früh hybrid gearbeitet. Was genau meine ich mit „hybrid"?

Hybrides Arbeiten bedeutet für die Mitarbeiter mehr Flexibilität und Selbstständigkeit, weil sie die Möglichkeit haben, von verschiedenen Orten aus zu arbeiten: vom Büro aus, von unterwegs und von zu Hause.

Hybride Arbeit beinhaltet in der Regel mehr Freiheit in Bezug auf den Zeitpunkt und den Ort der Arbeit. Im Allgemeinen wird den Mitarbeitern mehr Autonomie gewährt, um die Arbeit mit dem Rest ihres Lebens zu vereinbaren, anstatt andere Teile des Wochentages nach den im Büro verbrachten Stunden zu strukturieren. Im Idealfall ist es das Beste aus beiden Welten: Struktur und Geselligkeit auf der einen Seite, und Unabhängigkeit und Flexibilität auf der anderen.

Eine gängige Vorgehensweise bestehender hybrider Unternehmen ist es, bestimmte Tage für Meetings und Zusammenarbeit im Büro zu bestimmen und andere Tage für Arbeiten, die einen individuellen Fokus erfordern. Physische Anwesenheit kann für Einarbeitung, Teambuilding und Projektstarts erforderlich sein, aber nicht unbedingt für andere Arbeiten.

Ich versuche, mein Home-Office weniger für Videocalls zu nutzen, sondern mehr für die Aufgaben, die Konzentration erfordern. Eine Aufgabe, die im Büro vielleicht mehrere Stunden dauert, kann ich zu Hause in nur ein oder zwei Stunden erledigen.

Auf der anderen Seite brauche ich regelmäßig das Büro, um zum Beispiel an Workshops teilzunehmen, wo wir gemeinsam an der Lösung eines Problems arbeiten.

Ich glaube, die meisten Unternehmen werden physische Büros beibehalten. Aber es zeichnen sich Veränderungen ab, da einige Unternehmen nicht bereit sein werden, die gleiche Menge an Bürofläche für eine geringere Anzahl von Mitarbeitern zu unterhalten.

Nicholas Bloom, Wirtschaftsprofessor an der Stanford University und Experte für Remote Work, glaubt, dass, sobald die Pandemie abklingt, das Arbeiten von zu Hause aus an zwei Tagen in der Woche optimal sein wird, um kollaboratives und ruhiges Arbeiten auszubalancieren und gleichzeitig von dem reduzierten Stress durch weniger Pendeln zu profitieren. Er schlägt vor, dass Unternehmen, die ihren eigenen physischen Raum behalten wollen, in Erwägung ziehen, von hohen Gebäuden in ausgedehnte Industrieparks oder Campus umzuziehen, um die soziale Distanz zu erleichtern.[2]

Für Unternehmen mag es sinnvoll sein, eine Verkleinerung der Bürofläche in Betracht zu ziehen, ohne jedoch den Meetingraum zu eliminieren. Meine persönliche Präferenz wäre, dass es nur noch Meetingräume gibt – etwas, was tendenziell immer zu wenig vorhanden war und die normale Bürofläche so weit wie möglich aufgegeben wird.

Die hybride Arbeit hat aber auch eine dunkle Seite

Ich habe das Glück, dass wir zu Hause über die Infrastruktur und den Platz verfügen, ein eigenes Büro in unserer Wohnung zu haben. Das ist nicht überall der Fall und wird vermutlich auch nicht so werden. Es ist ein Fakt, dass hybride Arbeitsformen nicht zu jedem passen. Generell gibt es eine enorme Ungleichheit zwischen denen, die von zu Hause aus arbeiten können und denen, die es nicht können – sowohl innerhalb unserer Gesellschaft als auch im Vergleich zu anderen Ländern.

Die Pandemie hat unseren Blick auf die Ungleichheiten geschärft. Es gibt die, denen es problemlos möglich ist, von zu Hause aus zu arbeiten. Dazu gehören die Qualität des Internetzugangs und der Luxus von geräumigen Häusern und Außenflächen, die das Arbeiten von zu Hause aus bequem machen können. Für diejenigen, die in überfüllten Wohnungen leben oder die nebenbei Kinder betreuen müssten, klingt der Gedanke, die meiste Zeit der Woche von zu Hause aus zu arbeiten, hingegen womöglich nicht so

---

2   Quelle: Stanford Institute for Economic Policy Research

verlockend.

Es ist auch eine Frage der Persönlichkeit. Menschen, die eine feste Routine schätzen, könnten es zum Beispiel schwierig finden, zwischen verschiedenen Arbeitsplätzen hin und her zu pendeln.

In hybriden Teams besteht die Gefahr, dass eine In-Group- und Out-Group-Dynamik entsteht. Mit anderen Worten: Bei einem gemischten Modell kann sich eine Kluft zwischen denjenigen, die im Büro arbeiten, und denjenigen, die zu Hause arbeiten, verfestigen (und möglicherweise die Geschlechterkluft vergrößern, da von Frauen überproportional häufig erwartet wird, dass sie häusliche Aufgaben übernehmen). Es gibt glaubhafte Hinweise, die zeigen, dass die Dynamik innerhalb der Gruppe und außerhalb der Gruppe die Zusammenarbeit reduziert und Konflikte verstärkt.

Hybride Teams berichten auch häufig von Kommunikationsproblemen. Konflikte sind bei digitaler Kommunikation wahrscheinlicher, nicht zuletzt deshalb, weil soziale Hemmungen bei der Arbeit von Angesicht zu Angesicht stärker zum Tragen kommen. Außerdem kann der Mangel an gemeinsamer sozialer Identität, der in solchen Teams häufiger vorkommt, der Effektivität und Leistung des Teams schaden, indem er das Vertrauen und den Teamgeist beeinträchtigt.

Wie man kann man das hybride Modell möglich machen?

Eine Gleichbehandlung aller ist anzustreben. Was bedeutet das? Idealerweise sollten alle Mitarbeiter an den gleichen Tagen im Büro sein. Führungskräfte sollten im gleichen Boot sitzen wie die Mitarbeiter, so weit wie möglich mit ungefähr gleicher Präsenzzeit. Außerdem sollten sich die Führungskräfte über die Nachteile für die Gruppendynamik im Klaren sein.

Transparente Kommunikation ist ebenfalls entscheidend. Wie du in einem späteren Kapitel sehen wirst, halte ich aus eigener Erfahrung hybride Meetings für weitestgehend schädlich. Bei einem Meeting sollten entweder alle Teilnehmer komplett anwesend sein oder es sollte komplett virtuell stattfinden. Auf diese Weise kann jeder Teilnehmer gesehen und gehört werden – man hat also nicht den entfernten Konferenztisch mit den unscharfen Gesichtern und nuschelnden Kollegen. Auch reduziert es die Nebengespräche und zwingt das gesamte Team, viel klarer zu kommunizieren.

Es hilft auch, die Mitarbeiter zu befähigen, die Arbeit in Aufgaben aufzuteilen, die sie selbstständig erledigen können, und zwar ohne dass ihre Kollegen gleichzeitig online sein müssen. Mit anderen Worten: Ein effizienter hybrider Arbeitsplatz sollte nicht per se verlangen, dass jeder zu den gleichen Zeiten und im gleichen Tempo arbeitet, auch wenn dies gelegentlich notwendig sein mag. Ein Mix aus synchronen und asynchronen Kommunikationsmethoden hilft geografisch entfernten Teams, ihre Arbeit auf bestmögliche Weise zu verrichten. Wobei synchron das Arbeiten in Meetings (virtuell, hybrid oder vor Ort) und asynchron der Austausch von Informationen via Slack, Whatsapp oder E-Mail meint.

Ich bin, wie viele, optimistisch, was die Zukunft angeht und war schon immer der Meinung, dass Unternehmen überdenken müssen, wie sie zukünftig zusammenarbeiten. Einen Flug für ein zweistündiges Meeting zu nehmen ist wenig effizient, um nur ein Beispiel zu nennen. Es braucht einfach ein wenig Kreativität und das Verlassen der eigenen Komfortzone, um sich an eine neue Art, Dinge zu tun, zu gewöhnen.

KAPITEL 5

Meetings und Workshops virtuell erfolgreich gestalten

In diesem Kapitel lernst du, virtuelle Meetings erfolgreich zu planen, zu moderieren, durchzuführen und zu beenden.

Wer kennt sie nicht, die Witze im Internet über grauenhafte Remote-Meetings. Wahrscheinlich hat jeder von uns schon einmal Screenshots von Videokonferenzen gesehen, bei denen eine Person keine Hose trägt und ihre Unterwäsche zeigt, weil sie nicht weiß, dass das Video eingeschaltet ist. Um produktive und effiziente Meetings durchzuführen, ist es sehr ratsam, dass jeder sein Video (wissentlich!) einschaltet, solange das Internet es zulässt.

Aber es gibt noch mehr, was man beachten muss, damit ein virtuelles Meeting erfolgreich verläuft.

5.1 Grundlagen

Wenige Dinge in unserem Berufsleben haben einen schlechteren Ruf als die Meetings. Und der Ruf der virtuellen Meetings ist sogar noch schlechter als der von Präsenzmeetings (da gibt es genug

YouTube-Parodievideos, die du dir anschauen kannst ...).

Das muss aber nicht so sein. Virtuelle Besprechungen sind eine völlig normale Sache für virtuelle Teams. Wenn du übst und weißt, was zu tun ist, dann können solche Meetings erfolgreich und produktiv sein. Besonders bei der virtuellen Arbeit sind Meetings sehr wichtig – sie sind neben E-Mail und Chat die einzige Gelegenheit, regelmäßig und konstruktiv zusammenzuarbeiten.

Virtuelle Meetings sind wichtig für:

- Kommunikation

- Entscheidungsfindung

- Problemlösung

- und vieles mehr

Warum virtuelle Meetings eine Herausforderung sein können

Wenn wir in Firmen über Meetings sprechen, dann gibt es wenig, was einen schlechteren Ruf hat. Nimm nun ein virtuelles Meeting, und du kannst die Unzufriedenheit um eine Zehnerpotenz erhöhen. Dafür gibt es Gründe:

- die Teilnehmer kommen zu spät

- kaum einer kann die Meeting-Tools bedienen

- die Internetverbindung ist eine Katastrophe

- virtuelle Meetings werden häufig genutzt, um andere Arbeit nebenher zu erledigen

- usw.

Um die Probleme mit den virtuellen Meetings zu beheben, ist es wichtig, zuerst die Schwachpunkte zu identifizieren.

Das gibt uns dann die Möglichkeit, diese zu verbessern. Hier sind einige der größten Probleme mit virtuellen Meetings:

Keine Ahnung, wie die verwendete Technologie funktioniert

Wenn wir nicht wissen, wie man Tools nutzt, werden alle Meetings schwieriger. Untersuchungen zeigen, dass mehr als 80% der Mitarbeiter weniger als 20% der Funktionen einer Plattform nutzen. Wenn du weißt, was das Tool kann und wie man es richtig einsetzt, werden deine Meetings schon per se besser.

Keine Konsequenzen für schlechtes Verhalten

Wir wissen, wenn ein Teilnehmer nebenher etwas anderes macht (an seinem Handy spielt etc.), dass alle anderen es auch tun werden. Das kann zu falscher Kommunikation, schlechten Entscheidungen, Nacharbeit, Frustration und mehr führen.

Wenn Menschen Multitasking betreiben, Tagträumen nachgehen oder online einkaufen, können sie sehr wahrscheinlich nicht den Inhalten folgen. Und wenn es nicht angesprochen wird, wird das Verhalten unvermindert weitergehen. Zieht es außerdem keine Konsequenzen nach sich, wird sich auch keiner ändern.

Schlechte Moderation

Teilnehmern von virtuellen Meetings ist oft nicht klar, wo sie gerade stehen oder was als Nächstes kommt.

Die Teilnehmer werden nicht einzeln und persönlich begrüßt, wie das bei einem richtigen Meeting üblich ist. Dabei würde der Piepton in einer Telefonkonferenz helfen zu erkennen, wenn jemand zum Meeting dazustößt. Bei Videokonferenzen kann man es oft an einem neuen Fenster erkennen, wenn sich jemand eingewählt hat.

Der Moderator spricht ins „Leere". In einem realen Meeting erfolgt die Ansprache per Blickkontakt oder Handzeichen. Bei virtuellen Meetings ist es besser, grundsätzlich immer alle Personen einzeln, gezielt und mit Namen anzusprechen. Das ist hilft allen.

Gleiches gilt für eine Frage in die Runde. Das funktioniert virtuell nicht. Wenn man eine Frage an die Gruppe richtet, dann nicht so: „Wer hat einen Kommentar" oder „Habt ihr noch Fragen?". Es weiß dann keiner, wer gemeint ist. Ganz wichtig: sprich Personen in einem virtuell durchgeführten Meeting immer einzeln und direkt mit Namen an.

Mangel an visuellen Hinweisen

Wenn man nicht sehen kann, wie die Teilnehmer sich fühlen oder ob sie gerade dabei sind zu antworten oder nicht, wird die Kommunikation komplexer und unverständlicher.

Auch ist es in einem virtuellen Meeting einfacher als in einem Präsenzmeeting, sich zu „verstecken". Wenn man sich in einem richtigen Meetingraum befindet, kann man jeden sehen. Einander zu sehen macht es den Teilnehmern viel leichter, ruhig und konzentriert den Inhalten zu folgen.

Da wir die Probleme nun kennen, können wir anfangen die Tools zu nutzen, die notwendig sind, um bessere Ergebnisse in virtuellen Meetings zu erzielen.

Übung

Schreib die Schwachpunkte eines virtuellen Meetings nochmal auf. Welche Schwachpunkte fallen dir zusätzlich ein? Kannst du diese mit Beispielen lebhafter machen?

5.2 Das richtige Tool

In der realen Welt ist es ziemlich einfach sich zu treffen, wenn man sich einmal dazu entschieden hat. Entweder findet man einen Konferenzraum, in dem man sich treffen kann, oder man trifft sich im Büro von jemandem. Abgesehen von der Gruppengröße und der Anzahl der Stühle ist die Wahl meist schnell getroffen.

Das gilt nicht für das virtuelle Meeting!

Entscheidungen in der virtuellen Welt können per Telefon oder per Video-Call fallen. Hier ist die Wahl des Mediums wichtiger. Denn sie kann das Ergebnis des Meetings beeinflussen.

Schauen wir uns mal die Gründe an, warum man sich entweder für das Telefon oder aber für eine Vidfeoplattform entscheiden würde:

- Befinden sich die Teilnehmer an ihren jeweiligen Schreibtischen? Wenn ja, dann nimm die Videoplattform und lass sie ihre Webcams einschalten.

- Sind die Teilnehmer unterwegs? Dann ist das der wichtigste Grund, sich für die Option Telefonkonferenz zu entscheiden. Aber es nicht ganz so einfach. Wenn Teilnehmer mit dem Auto fahren, an einem Flughafen oder nicht an ihrem Arbeitsplatz sind, wie bekommst du dann volle Aufmerksamkeit?

- Brauchst du visuelle Hilfsmittel? Wenn du Slides oder andere Daten zeigst, benutze deine Videoplattform. Wenn du telefonieren musst, stelle sicher, dass die Präsentation verfügbar ist und dass die Menschen genug Zeit haben, sie herunterzuladen und gegebenenfalls auszudrucken, damit sie dir folgen können.

- Sollen die Teilnehmer miteinander interagieren, also im Meeting mitmachen?

- Wenn im Meeting Infos weitergegeben werden sollen und keine Slides benötigt werden, ist das Telefon vielleicht ganz gut, aber wenn du willst, dass sie sich beteiligen, dann gibt dir die Videoplattform eine bessere Chance auf mehr Teilnahme.

- In der Regel haben Videoplattformen wie Zoom Telefon-Einwahlmöglichkeiten. Also selbst wenn ein oder zwei Teilnehmer nicht an ihrem Schreibtisch sitzen können, kann ein Video-Call die bessere Wahl für alle sein.

Wähle also unbedingt das richtige Tool, um dich virtuell zu treffen!

Übung

Jeder von uns hat ein Medium, über das er am liebsten kommuniziert, wo er sich am wohlsten fühlt. Welches Tool nutzt du am liebsten und warum?

5.3 Verhalten

Setz klare Erwartungen an das Verhalten in virtuellen Meetings! Hier sind einige konkrete Beispiele für Vereinbarungen, die du mit jedem im Team treffen kannst, um ein virtuelles Meeting effektiver zu machen:

- **Mikro an.** Die meisten Menschen würden vorschlagen, dass jeder stummgeschaltet wird. Das Gegenteil ist besser. Warum? Weil man sich schneller ablenken lässt wenn das Mikro aus ist.

- **Webcams an.** Das verbessert die Kommunikation und hilft den Teilnehmern dabei, sich zu beteiligen.

- **Kein Multitasking.** Wie erfolgreich können Menschen in einem Meeting sein, wenn sie Auto fahren, ein Flugzeug besteigen oder auf eine E-Mail antworten? Wenn man will, dass die Teilnehmer mitmachen, müssen sie geistig dabei sein.

- **Aufmerksam sein.** Als Führungskraft muss man darauf achten, dass sich jeder angemessen verhält, und gezielt einschreiten, wenn es notwendig ist.

Das wichtigste Takeaway ist, klare Erwartungen zu formulieren, die das Team versteht und befolgt. Diese Erwartungen bilden die Kultur eurer virtuellen Meetings.

Wenn du ein Projekt oder ein Ad-hoc-Team leitest, dann formuliere diese Regeln im ersten Meeting. Bei allen anderen Meetings musst du immer wieder an die Regeln erinnern, wenn neue Teilnehmer hinzustoßen.

Übung

Was nervt dich am meisten in Meetings? Kannst du eine Situation schildern, wo das sogar eskaliert ist oder sich das Verhalten negativ auf das Ergebnis ausgewirkt hat? Wie hätte man das vermeiden können? Wie kannst du positiv auf das Verhalten anderer Teilnehmern einwirken?

5.4 Ein Wir-Gefühl fördern

Eine der Herausforderungen für virtuelle Teams ist der Mangel an Face-Time und die Chance, sich kennenzulernen und eine Beziehung aufzubauen. Ein virtuelles Meeting ist eine der wenigen Gelegenheiten, wo dein Team diese Chance erhält. Leider nutzen zu wenige Führungskräfte diese Möglichkeit, in ihren virtuellen Meetings das Wir-Gefühl zu fördern.

So förderst du das Wir-Gefühl in deinen virtuellen Meetings

Öffne den virtuellen Meetingraum frühzeitig – also starte das Meeting IMMER vor der Zeit. In der Welt der Face-to-Face-Meetings kommen die Teilnehmer in den Meetingraum und führen Smalltalk. Zu oft wird der virtuelle Meetingraum genau pünktlich oder gar zu spät geöffnet, und dann beginnt das Meeting sofort. Man muss dem Team ermöglichen, sich zu unterhalten.

Werde außerdem etwas lockerer. Wenn die Meetings nach einem

starren Schema laufen, macht es unter Umständen Sinn, etwas lockerer zu werden. Der Zweck des Meetings ist natürlich wichtig. Dennoch solltest du die sich bietende Gelegenheit, Beziehungen innerhalb des virtuellen Teams aufzubauen, besonders hier nutzen.

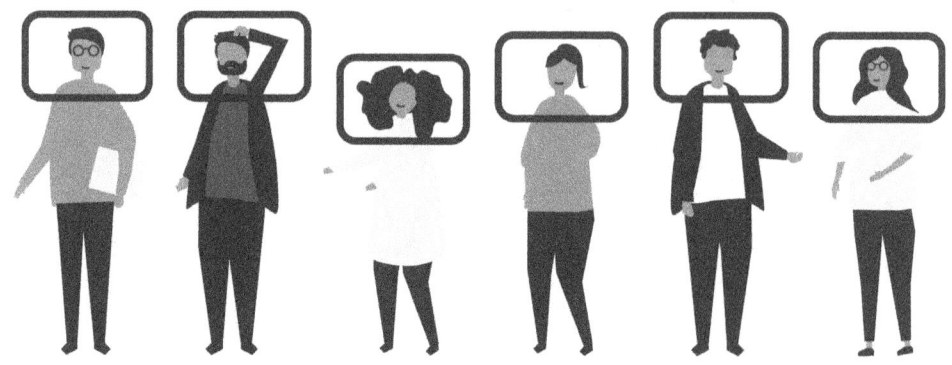

Übung

Man kann ja nicht immer übers Wetter sprechen. Welche privaten Themen werden in deinen Meetings am meisten angesprochen? Gibt es einen Tag in der Woche, wo mehr erzählt wird als an anderen Tagen? Welcher Tag ist das? Findest du Smalltalk gut oder eher nervig vor dem Meeting?

5.5 Lege das Ziel des Meetings fest

Der wichtigste Rat, um Meetings besser zu machen – virtuell oder Face to Face: das Ziel des Meetings festlegen. Ein Ziel ist eine kurze, klare Aussage darüber, wie der Erfolg für dieses Meeting aussieht. Schreibe deine Ziele in verkürzter Vergangenheitsform.

Hier einige Beispiele:

- Budget genehmigt.

- Pläne aufgestellt.

- Entscheidung getroffen.

- Nächste Schritte festgelegt.

Schicke die Ziele an alle Teilnehmer, und zwar bevor das Meeting beginnt. Die Ziele sollten kristallklar sein.

Warum ist ein klar definiertes Ziel so wichtig?

Ziele helfen allen Teilnehmern auf zwei Arten: Wenn sie diese Ziele im Voraus wissen, können sie sich erstens besser auf die Teilnahme und das Meeting vorbereiten. Wenn diese Ziele klar sind, sind die Teilnehmer zweitens während des Meetings viel konzentrierter und produktiver.

Das ist umso wichtiger, wenn das Meeting virtuell ist. Warum? Es erhält den Fokus aufrecht. In einem virtuellen Meeting wird man leicht abgelenkt und die Versuchungen sind noch größer, wenn man nicht genau weiß, was das Meeting soll oder welchen Beitrag man leisten kann. Ein klar formuliertes Ziel vor dem Meeting zu haben, wird allen helfen, konzentriert, aufmerksam, engagiert zu bleiben und vorbereitet zu sein.

Ein oft unterschätzter Vorteil eines virtuellen Meetings ist, dass die Teilnehmer wahrscheinlich Zugang zu all ihren Materialien, Notizen und Dateien haben. Mit einem klaren Ziel für das Meeting haben sie nicht nur die Möglichkeit, sich vorzubereiten, sondern sie können während des Meetings auch effektiver mitarbeiten.

Ein klares Ziel für ein Meeting zu haben wird alle Meetings, besonders die virtuellen, viel effektiver machen.

Kannst du dein Ziel ohne Meeting erreichen?

Muss man ein Meeting machen? Es gibt viele gute Gründe, ein Meeting zu machen, und trotzdem waren wir alle schon in Meetings, in denen man sich unweigerlich fragte, warum das Meeting überhaupt gemacht wird.

Das Problem ist, ein Meeting zu machen ist der Standard. „Wir sollten ein Meeting einberufen", „wir sollten uns treffen" und „wann hast du Zeit für ein Meeting" sind Phrasen, die wir den ganzen Tag hören.

Wie entscheidet man also, ob man ein Meeting machen sollte?

Man fängt mit dem gewünschten Ergebnis an. Brauchst du die Teilnehmer gleichzeitig an einem (virtuellen) Ort, um dieses Ergebnis am besten zu erreichen? Wenn ja, dann auf jeden Fall ein Meeting. Wenn nicht, dann nicht.

Überlege, wie man das gewünschte Ergebnis sonst noch erreichen kann. Hier sind einige Optionen, ohne Meeting auszukommen, wenn man virtuell arbeitet:

- Chat. Das wird nicht in allen Fällen funktionieren, aber wenn das gewünschte Ergebnis darin besteht, Input zu erhalten, kann das sehr gut funktionieren und ein Meeting überflüssig machen.

- E-Mail. Man bittet die Teammitglieder, ihre Ideen oder Updates per E-Mail zu teilen, und vielleicht lässt sich so ein Meeting vermeiden.

- Einzelgespräche. Webcam an, oder Handy in die Hand, und dann teilt man die benötigten Informationen und/oder erhält den gewünschten Input von einer Person nach der anderen.

- Ein Dokument teilen. Anstatt dass alle im Meeting sind, um über das Dokument zu diskutieren, lass die Mitarbeiter ein geteiltes Dokument bearbeiten, um Input zu erhalten.

Meetings sind wichtig. Aber nur, wenn man sie aus den richtigen Gründen macht.

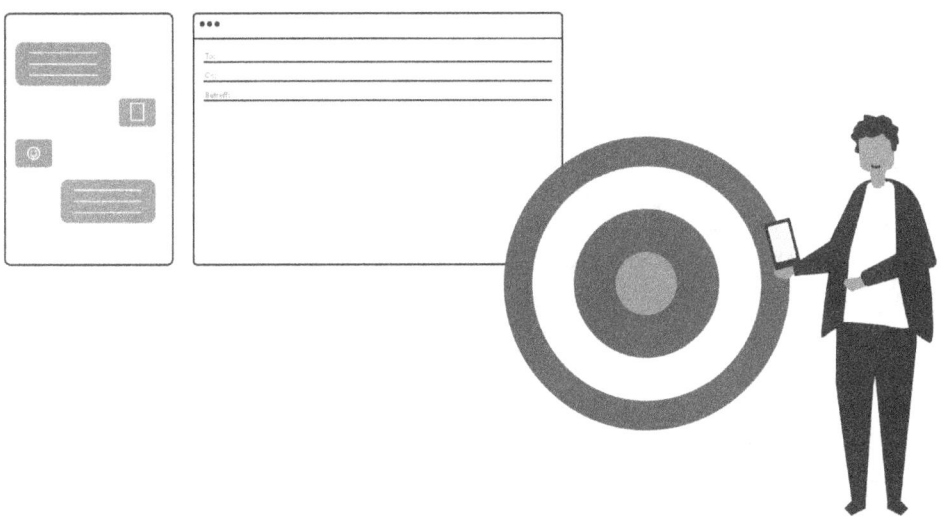

Übung

Hast du immer ein Ziel vor Augen, wenn du ein Meeting durchführst? Was war das Ziel deines letzten Meetings? Kannst du es in einem Satz aufschreiben? Frag die anderen Teilnehmer, ob sie das Ziel kannten. Was ist während des Meetings passiert? Habt ihr euer Ziel erreicht? War das Ziel angemessen? Wie hätte das Ziel besser lauten müssen?

5.6 Die Agenda

Die Dynamik eines Meetings ist komplex. Es virtuell durchzuführen, macht sie noch komplexer. Zu glauben, dass man diese Komplexität, die unterschiedlichen Perspektiven und die Gruppendynamik insgesamt managen kann und trotzdem gute Ergebnisse ohne einen Plan erzielt, ist ambitioniert. Bitte mach dir einen Plan.

Der Plan für ein Meeting ist eine Agenda. Hier sind ein paar Tipps für eine gute Agenda für virtuelle Meetings:

- Sie muss frühzeitig geteilt werden. Sie bereits dann zu teilen, wenn man zu einem Meeting einlädt, ermöglicht es allen Teilnehmern, vorbereitet zu kommen.

- Es muss das Ziel benannt werden. Das ist der Kern der Agenda.

- Es sollten nicht die Themen aufgelistet werden, sondern die gewünschten Ergebnisse. Wenn man das Thema dennoch aufführen muss, dann nur in Kombination mit einem Ziel. Dann wissen die Teilnehmer, wohin das Thema führt und zu welchem Zweck.

- Die Login-Informationen sollten auf der Agenda stehen. Man nutzt vielleicht mehrere Tools (Video, Audio, Einwahl), also sollten die Teilnehmer wissen, wo sie sich wann wie einwählen müssen.

- Die exakte Zeitleiste sollte in der Agenda stehen. Nicht nur Themen und gewünschte Ergebnisse sollten als Bullet Points aufgeführt werden, sondern auch der Zeitraum, der für jeden Punkt aufgewendet werden soll. Nutze das folgende Format „9:00-9:15" anstatt „15 Minuten". So kann jeder Teilnehmer mit einem einfachen Blick auf die Uhr erkennen, ob das Meeting auf dem richtigen Weg ist.

Die Agenda sollte während des Meetings angezeigt und genutzt werden. Denn sie hilft nicht nur bei der Planung, sondern auch, den Ablauf und den Erfolg deines Meetings zu steuern. Falls sie nicht durchgehend zu sehen ist, sollte man jeden Teilnehmer auffordern, ein Exemplar offen oder ausgedruckt vor sich zu haben. Das führt dazu, dass jeder Verantwortung für den Erfolg des Meetings mit übernehmen kann.

Einfach gesagt: Wenn einem ernsthaft an besseren virtuelle Meetings gelegen ist, dann muss man immer eine Agenda parat haben.

Übung

Wie war dein letztes Meeting? Hat es eine Agenda gegeben? Wenn ja: Prüfe, ob sie hätte besser sein können. Wenn nein: Wie hätte die perfekte Agenda aussehen sollen? Hätte das das Meeting besser gemacht? Bereite dein nächstes virtuelles Meeting mit einer Agenda vor.

5.7 Effektiv in Meetings sein

Man kann einiges tun, um besser auf jedes virtuelle Meeting, an dem man teilnimmt, vorbereitet zu sein. Hier ist eine kurze Liste:

- **Einen geeigneten Platz wählen.** Viele Mitarbeiter nehmen an einem virtuellen Meeting teil ungeachtet dessen, wo sie sich gerade aufhalten. Sicher, die Flexibilität ist schön, aber zu oft leidet die Effektivität des Meetings darunter.

- **Sich nicht ablenken lassen.** Es ist leicht, während eines virtuellen Meetings abgelenkt zu werden. Benachrichtigungen ausschalten, Handy weiter weglegen, Klingelton ausschalten oder am besten den Flugzeugmodus aktivieren.

- **Sich vorbereiten.** Im Allgemeinen sollte man seinen Arbeitsbereich für ein produktives Meeting vorbereiten: Tagesordnung durchlesen, über relevante Themen nachdenken, die eigene Meinung und Ideen vorher bilden bzw. entwickeln.

- **Was möchte man beitragen?** Man wird nicht nur besser vorbereitet, sondern wahrscheinlich auch weniger gestresst sein und folglich mehr Einfluss nehmen.

- **Konzentriert sein.** Der Fokus sollte während eines Meetings ausschließlich bei der Aufgabe und beim Thema bleiben.

Wenn man diese Dinge befolgt, wird man besser vorbereitet sein, man wird weniger gestresst sein und als Resultat daraus in den Meetings effektiver sein.

5.8 Virtuelle Meetings perfekt moderieren

Moderieren bedeutet, das Meeting klar und einfach zu machen. Bei einem virtuellen Meeting ist das aber um einiges schwerer. Wenn man lernt, wie man ein virtuelles Meeting einfacher machen kann, erzielt man viel bessere Ergebnisse. Eine effektive Moderation in virtuellen Meetings ist wichtig.

Moderiere ein Meeting aktiv

Hier sind einige Tipps, um mehr Interaktion und bessere Ergebnisse zu erzielen:

- **Warten!** In einem Face-to-Face Meeting erhalten alle Teilnehmer visuelle Hinweise voneinander, wenn sie etwas sagen wollen. Wenn ein Meeting virtuell durchgeführt wird, gibt es diese Hinweise und Tipps nicht. Selbst Webcams lösen das Problem nicht vollständig. Wenn man also aktive Beiträge von Teilnehmern haben möchte, muss man nach jeder Frage, nach jedem Statement eine Pause machen. Wenn man den Teilnehmern mehr Zeit gibt, wird man mit mehr aktivem Input belohnt.

- **Die Teilnehmer direkt mit Namen ansprechen.** Die meisten Menschen sind höflich und wollen niemanden unterbrechen. Das führt zur einer Abwartehaltung und Stille in einem Meeting. Man kann die Teilnehmer direkt ansprechen und bitten, etwas zu kommentieren. Fragen an Teilnehmer machen ein Meeting interessant. Allerdings darf man die direkte Ansprache nicht dazu nutzen, einen unaufmerksamen Teilnehmer vorzuführen, so wie in der Schule. Man ist effektiver, wenn man zuerst den Namen nennt und dann eine Frage stellt: „Michaela, was denkst du über dieses Thema?"

- **Präzision.** Indem man um spezifischen Input bittet oder spezifische Fragen stellt, hilft man den Teilnehmern, eine

Antwort zu geben. Das ist besser als einfach nur zu fragen, ob jemand einen Kommentar oder eine Frage hat.

- **Feedback-Schleifen.** Gib den Teilnehmern die Möglichkeit, auf natürlichere Weise miteinander zu interagieren. Das virtuelle Meeting kann diese Interaktionen erschweren; deshalb muss man als Moderator mehr Fragen stellen, um sicherzustellen, dass jeder versteht, was diskutiert und beschlossen wird.

Das hier sind alles Vorschläge über den Ablauf eines virtuellen Meetings und nicht über den Inhalt. Das ist beabsichtigt. Bei der Moderation geht es darum, *wie* man etwas erreicht, und nicht darum, was *man* erreicht.

Die Beteiligung in einem virtuellen Meeting managen

Die besten virtuellen Meetings sind diejenigen, in denen die Teilnehmer gerne ihre Gedanken und Ideen teilen. Niemand will in einem virtuellen Meeting sitzen, das von unbehaglicher Stille erfüllt ist. Das kann im virtuellen Meeting schwieriger sein. Es gibt aber glücklicherweise eine Reihe von Tipps und Tricks, die man anwenden kann, um mehr Beteiligung aller und weniger unangenehme Stille zu erreichen:

- **Ankündigungen.** Wenn in der Meeting-Agenda oder dem gewünschten Ergebnis steht, dass Diskussion und Input erforderlich sind, werden die Teilnehmer wissen, dass von ihnen ein Beitrag erwartet wird.

- **Zu Wort kommen lassen.** Man muss sicherstellen, dass jeder die Chance bekommt, seine Ideen zu teilen, und verhindern, dass ein Teilnehmer das Gespräch dominiert.

- **Whiteboard.** In einem Face-to-Face-Meeting würdest du wahrscheinlich ein Whiteboard oder Flipchart benutzen, um

Ideen und Input festzuhalten. Die Chancen stehen gut, dass eine Web-Meeting-Plattform ein Werkzeug wie dieses hat.

- **Hand heben lassen.** Bring die Teilnehmer dazu, ihre Hand zu heben. Das lässt sich nicht nur in einem normalen Meeting machen. Wenn die Teilnehmer ihre Webcam eingeschaltet haben, geht das genauso. Meistens gibt es eine Option zum Handheben in der Webplattform. Wenn ja, dann sollte man sie für schnellen Input oder Feedback nutzen.

- **Andere Tools nutzen.** Wenn ein Meeting groß genug ist oder Umgebungsgeräusche ein Problem darstellen und alle stummgeschaltet sind, kann man die Frage- oder Chat-Tools für Input und Ideen verwenden. Auch gibt es oft Umfrage- und Abstimmungs-Tools.

Dies waren einige Tipps & Tricks, wie man die unangenehme Stille vermeiden und den Teilnehmern bequem die Möglichkeit geben kann ihre Erfahrungen, ihr Wissen und ihre Sichtweise zu teilen. Deshalb wurden sie ja eingeladen.

Übung

Beschreib einmal eine Szene in einem Meeting, in der sich gespenstische Stille ausgebreitet hat. Was ist passiert? Wie habt ihr die Situation bereinigt?

5.9 Hybride Meetings

Was tun, wenn nicht alle Teilnehmer virtuell sind? Das sind hybride Meetings. Einige Teilnehmer sind zusammen im Konferenzraum und andere sind auf der Meeting-Plattform. Wie auch immer das Verhältnis sein mag, diese Situation kann zu ungleichen Ergebnissen führen. Und wenn man das nicht gut managt, kann es zu Fehlkommunikation, Distanzierung und sogar Konflikten führen. Es folgen ein paar Ratschläge speziell für hybride Meetings.

Bitte vorher die Technologie testen. Was ist damit gemeint? Man muss sich im Voraus vergewissern, dass die virtuellen Teilnehmer die Webcam im Meetingraum sehen und die Teilnehmer aus allen Ecken des Raumes gut hören können. Wenn der Ton bei den virtuellen Teilnehmern nicht gut funktioniert, wird das Meeting nicht sehr effektiv sein und viel Frustration verursachen. In diesem Fall ist es besser, wenn auch die anderen Teilnehmer im Raum an ihrem eigenen Laptop sitzen und ihre Kamera und ihr Mikrofon nutzen.

Also bitte der Reihe nach sprechen. Es ist bei hybriden Meetings noch wichtiger, dass es keine Nebengespräche im Meetingraum gibt. Wenn sie stattfinden, werden die virtuellen Teilnehmer nichts hören, nur Geplapper, oder vielleicht hören sie eher das Nebengespräch als die Hauptdiskussion.

Zuerst die virtuellen Teilnehmer sprechen lassen. Man vergisst leicht, dass es Teilnehmer im Meeting gibt, die nicht im Raum sind. Man sollte also sicherstellen, dass man den Input und die Kommentare derer, die nicht im Raum sind, zuerst bekommt.

Es muss die ganze Zeit virtuell bleiben. Auch wenn es vielleicht kontraintuitiv klingt: Vor allem wenn fast genauso viele Leute virtuell sind wie nicht, sollte sich jeder von seinem eigenen Schreibtisch aus einloggen. Man wird wahrscheinlich ein effektiveres Meeting haben, als wenn man es hybrid durchführt.

Hybride Meetings können eine Herausforderung sein. Wenn man diese Ratschläge befolgt, wird man sie in Zukunft viel effektiver machen.

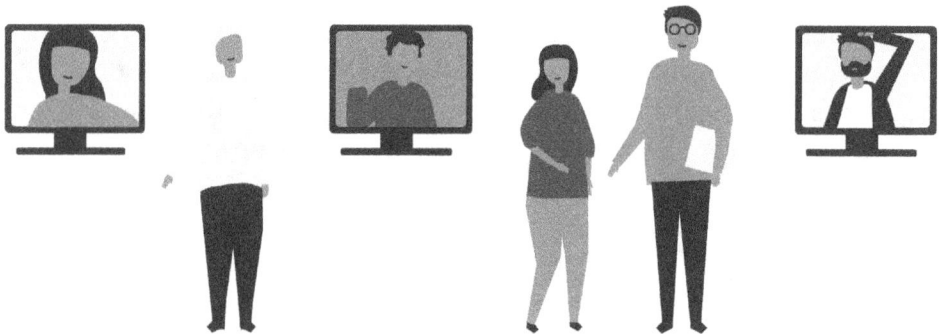

5.10 Zoom-Fatigue

Für viele Firmen bedeuten der Wegfall von Dienstreisen und das Ausbleiben von Vor-Ort-Meetings mehr ortsunabhängige Videocalls. Schließlich sollen die Teams in Verbindung bleiben und wichtige Absprachen weiterhin getroffen werden können, um die Arbeit so wenig wie möglich leiden zu lassen.

Früher bestand noch die Herausforderung darin, zum richtigen Zeitpunkt im richtigen Meetingraum anwesend zu sein. Später war die Herausforderung dann, das Ganze bei möglichst stabiler Internetverbindung durchzuführen oder ohne dass Mitbewohner oder Familienangehörige in unpassendem Aufzug im Hintergrund zu sehen sind. Heute macht sich ein Phänomen breit, das sich neudeutsch Zoom-Fatigue, also Zoom-Müdigkeit nennt. Die Menschen empfinden das Abhalten von Videokonferenzen inzwischen als ermüdend, ja sogar energieraubend.

Beobachtest du bei dir folgende Erscheinungen?

- Du verlässt den Call eher müde als energetisiert.

- Du bekommst nicht das gleiche soziale Hoch, das du sonst fühlst, wenn du dich mit Menschen persönlich triffst.

- Permanente Störungen des Meetings (Menschen verlassen den Computer, Kinder sind plötzlich anwesend, der Partner läuft im Raum herum) geben dir das Gefühl unzureichender Kommunikation.

- Technische Probleme oder Internetstörungen machen dich wütend.

- Du fühlst während des Meetings oft verwirrt oder unbehaglich.

- Ständig denkst du an die Arbeit, auch zu Hause.

- Du fragst dich, warum ihr überhaupt Videocalls veranstaltet.

Was ist eigentlich Zoom-Fatigue?

Zoom-Fatigue oder gar Zoom-Burnout ist das Gefühl von Überlastung, das Menschen bekommen, nachdem sie an zu vielen Videocalls teilgenommen haben. Experten sagen inzwischen, dass es daran liegt, dass die viele Technik unser menschliches Gehirn überlastet. Tatsächlich fühlen sich viele Menschen vor einem Videocall angespannt, ja sogar gestresst. Nach dem Call fühlen sie sich ausgelaugt, teilweise sogar verzweifelt. Das eigentliche Problem ist, dass wir in einem Videocall die anderen Menschen deutlich schlechter „lesen" können. Menschen berichten, dass sie sich wie während einer Präsentation fühlen, selbst wenn sie nur im Meeting sitzen. Daraus resultiert ein ungesundes Level an Stress und Angst.

Warum haben Zoom-Calls so eine negative Wirkung auf uns?

1. Du kannst keine Körpersprache lesen

Körpersprache ist schon da, lange bevor Menschen sich mit Worten ausdrücken. Sie sagt uns, ob jemand Freund oder Feind ist, glücklich oder unglücklich. Es ist eine besondere Art, Vertrauen und Verbindung aufzubauen.

Während eines Zoom-Calls ist es unglaublich schwer, Körpersprache überhaupt zu lesen, weil wir deutlich weniger als während eines direkten Treffens wahrnehmen können. Das liegt unter anderem am Bildschirmausschnitt und/oder an einer schlechten Videoqualität. Während wir in einem Live-Meeting den gesamten Körper wahrnehmen und auch eine Schwingung übertragen wird, sehen wir im Videocall lediglich den Teil des Körpers, den uns unser Gegenüber quasi präsentiert.

Während einer normalen Begegnung von Angesicht zu Angesicht siehst du den Menschen und stellst direkten Augenkontakt her. Auch kleinere Körpersprachezeichen kannst du deuten. Während du im direkten Kontakt aber schon aufmerksam sein musst, um alles wahrzunehmen, ist es in einer Videokonferenz quasi unmöglich, alle Körpersprachezeichen wahrzunehmen. Ganz zu schweigen davon, dass bestimmte Hinweise nur für Sekundenbruchteile zu sehen sind. In einer Videokonferenz sind sie quasi nicht zu bemerken.

2. Zoom ist immer verfügbar

Eine steigende Anzahl an Menschen arbeitet inzwischen mehr oder weniger dauerhaft im Home-Office. Es ist daher für viele de facto unmöglich geworden, Arbeit und Privates zu trennen.

Wenn du das Büro verlässt, bist du deutlich schwieriger zu erreichen. Wenn du aber von zu Hause aus arbeitest, dazu noch mit der Möglichkeit, „kurz mal einen Zoom-Call zu machen", bist du im Grunde ständig erreichbar. Viele Menschen berichten, dass sie seither mehr denn je das Bedürfnis haben, auszugehen.

Ein weiteres Problem ist, dass sie immerzu ihr Handy checken, ob etwas Arbeitsrelevantes aufgepoppt ist. Hinzu kommt, dass Zoom-Calls oft auch zu eher ungewöhnlichen Zeiten abgehalten werden, weil es eben nur kurz dauern soll.

3. Du verspürst mehr negative Emotionen als normalerweise

Hast du je einen Zoom-Call ärgerlicher verlassen, als du ihn betreten hast? Vielleicht magst du einfach nicht, wie du aussiehst.

Das klingt auf den ersten Blick verrückt – ist es aber gar nicht. Tatsache ist, dass wir uns in direkter Kommunikation nicht selbst beobachten. Zoom-Calls schalten uns auf den Vollbildmodus, sobald wir sprechen. Wir sind es aber nicht gewöhnt, uns ständig zu beobachten, während wir sprechen. Plötzlich nehmen wir wahr, wie ärgerlich wir gerade wirken und das führt uns in eine Art Negativschleife.

4. Deine Kampfhormone melden sich zu Wort

Experten berichten, dass wir Zoom-Calls so empfinden, als ob der andere gerade mal 60 Zentimeter von uns entfernt stünde. Für viele Menschen ist das bereits eine Art Kampfzone. Tatsächlich ist es so, dass wir üblicherweise nur uns sehr nahestehende Menschen in diese Zone vordringen lassen oder – um die Wahrheit zu sagen – Menschen, mit denen wir körperlich kämpfen. Daher berichten viele Menschen, sie würden sich wie während eines Kampfes fühlen, wenn sie an einer Videokonferenz teilnehmen.

5. Du bist weniger freundlich

Tatsache ist, dass wir nur 1,2 Sekunden haben, um jemanden als freundlich oder unfreundlich wahrzunehmen. Während eines Videocalls tritt eine rein technische Verzögerung ein. Unbewusst nehmen wir diese Verzögerung als Unfreundlichkeit wahr. Dein Gegenüber reagiert, sobald er etwas wahrnimmt. Die technische Verzögerung, die sich aber beiderseits auswirkt, lässt ihn auch minimal, jedoch entscheidend später wahrnehmen, was gerade passiert. So kommt eine rein technische Antipathie viel schneller auf als in einem direkten Treffen.

Was kannst du gegen all diese Erscheinungen tun?

Hol dir das Gefühl der „Macht" zurück und probiere es mal mit folgenden Tipps:

1. **Lies nur Gesichter:** Während eines Zoom-Calls wirst du deutlich mehr Gesichter als im normalen Leben sehen. Lerne, winzige Mikromimiken zu lesen, und das möglichst schnell. So kannst du dein Gegenüber schneller einschätzen.

2. **Vermeide Multitasking:** Die Versuchung ist groß, während eines Videocalls weitere Fenster zu öffnen, um „nur mal schnell" deine Mails zu checken. Fokussiere dich zu 100 Prozent auf den Videocall.

3. **Limitiere deine Calls:** Wenn du in einer Woche mehrere Calls mit den gleichen Menschen haben sollst, dann reduziere auf einen Call. Wenn etwas keinen ganzen Call ergibt, schick stattdessen eine E-Mail.

4. **Nutze deine Power-Stimme:** Während eines Videocalls nimmt deine Stimme einen wichtigen Raum ein. Lass sie kraftvoll klingen. Stimmexperten sagen übereinstimmend, dass Menschen kraftvoller klingen, wenn sie während des Ausatmens sprechen. Nutze die Einatmung, um eine bedeutungsvolle Pause einzulegen.

5. **Bewege dich:** Wenn ein Meeting tatsächlich länger als eine

Stunde dauern muss, leg eine Pause ein. Und statt in dieser Pause „schnell mal" dein Handy zu checken, steh auf und streck dich. Du wirst dich danach deutlich stärker fühlen.

6. **Konzentriere dich auf das Gute:** Videocalls sind ohnehin eine Herausforderung und leider nutzen viele Menschen dieses Forum, um direkt mit einer negativen News um die Ecke zu kommen. Leg hier eine neue Regel fest, die besagt, dass negative Themen, sofern sie nicht dringend nötig sind, ausgelassen werden.

7. **Benutze bedeutende Eisbrecher:** Vermeide langweilige Einstiegsfragen wie „Wie ist das Wetter bei euch?". Überrasche stattdessen mit ungewöhnlichen Fragen wie „Wenn du dir eine Superkraft aussuchen könntest – welche wäre das und warum?" So eine Aktion sorgt für Aufmerksamkeit und bleibt definitiv im Gedächtnis.

8. **Achte auf dein Outfit:** Die Versuchung ist groß, zu Hause im gemütlichen Pulli und der Schlabberhose zu arbeiten. Wenn du ein Arbeitsoutfit hast, zieh es an. Wenn du noch keins hast, leg dir eins zu oder such dir eins aus. Achte darauf, dass du möglichst professionell aussiehst. Das geht von der Kleidung über dein Styling bis hin zur Körperhaltung.

Wenn du diese Tipps beachtest, wirst du die nächsten Zoom-Calls sicher gut überstehen.

5.11 Webcam

Webcams kommen einer realen Situation am nächsten. Wenn man sich virtuell trifft, ist per Definition nicht jeder da. Der Rat zu Webcams ist folgender:

- **Immer an.** Sobald man sich gegenseitig sehen kann, hat unsere Kommunikation die Chance, intensiver und erfolgreicher zu werden. Jetzt haben alle die visuellen Anhaltspunkte, um die subtilen Botschaften des anderen besser zu verstehen und ein Gefühl dafür zu bekommen, was der andere denkt.

- **Die Webcam regelmäßig und nicht nur in den Meetings nutzen.** Wenn Mitarbeiter die Möglichkeit bekommen, die Webcam auch bei One-to-Ones zu nutzen, um sich in dieser Umgebung an sie zu gewöhnen, werden sie sich in einer größeren Gruppe wohler fühlen, wenn sie sie einschalten.

- **Entspannen.** Bevor das eigentliche Meeting beginnt, kann man mit den Teilnehmern z. B. über ihre Umgebung sprechen. Wenn man etwas Interessantes sieht, fragt man sie danach. Je mehr man die Kommunikation mit der Webcam normalisiert, desto weniger gestresst werden die Teilnehmer sein.

- **Helfen, die Webcam richtig einzusetzen.** Wenn man Teilnehmer fragt, warum sie Webcams nicht mögen, werden die meisten sagen: „Ich hasse es, mich selbst anzuschauen." Hier hilft es, darauf hinzuweisen, dass es nicht das Ziel ist, sich selbst anzuschauen, sondern vielmehr, andere anzuschauen. So wie man es in einem persönlichen Meeting tun würde. Der einzige Zeitpunkt, in dem man sich selbst anschaut, ist, wenn man sicherstellen will, dass man fokussiert und im Blickfeld ist, damit andere einen sehen können. Ansonsten ist der Blick auf die anderen Teilnehmer gerichtet.

- **Die Webcam nutzen, um Engagement zu steigern.**

Die Kommunikation kann durch die Nutzung der Webcam verbessert werden, aber auch das Engagement und die aktive Teilnahme. Wenn man andere Teilnehmer beobachtet, wird man wie in einem persönlichen Meeting sehen, wann sie etwas zu sagen oder zu teilen haben. Nun kann man sie ermutigen.

Die Webcam ist eines der besten Tools, die es gibt, um virtuellen Meetings besser zu machen. Man sollte sie so oft es geht benutzen.

5.12 Ad-hoc-Meetings

Was kann man tun, wenn man ein Meeting ad hoc stattfinden lassen muss?

Es kann passieren, dass ein Meeting sofort notwendig wird. Die Situation rechtfertigt eine sofortige Lösung für ein Problem oder es muss eine Entscheidung schnell getroffen werden. Es spricht nichts dagegen in das improvisierte Meeting, das keine angemessene, Vorbereitung hat, zu gehen bzw. dieses durchzuführen. Wie macht man aber ein spontanes virtuelles Meeting erfolgreich? Hier sind einige Tipps:

- **Das Meeting braucht ein Ziel.** Bevor man sich in das Meeting stürzt, sollte man sich vergewissern, dass alle wissen, was das gewünschte Ergebnis ist. Wenn man das Meeting leitet und das Ziel kennt, teilt man es mit und postet es im Meeting-Tool, damit es jeder sehen kann. Wenn es nicht bekannt oder klar ist, sollte man das zuerst klären. Die ersten zwei Minuten, die man damit verbracht hat, den Zweck und das Ergebnis des Meetings zu klären und zu vereinbaren, werden allen viel Zeit und Frustration ersparen.

- **Das Ziel nicht aus dem Auge verlieren.** Wenn man das gewünschte Ergebnis erreicht hat, gibt man den Teilnehmern eine Minute Zeit, um zu verschnaufen. Dann können sie die Informationen, die sie brauchen werden, auf ihren Computern zu finden. Auch dies ist der Vorteil eines virtuellen ad hoc Meetings. Die Teilnehmer können die benötigten Dokumente während des Meetings suchen und öffnen. Der Bildschirm kann mit allen geteilt werden, damit jeder die Situation versteht.

- **Input von allen.** Die Chancen stehen gut, dass in diesen Meetings jeder, der teilnimmt, eine wichtige Rolle, eine Perspektive oder Informationen hat, die gebraucht werden. Man muss sicherstellen, dass man den Input von allen virtuellen Teilnehmern bekommt. Hierbei hilft, jeden einzeln anzusprechen, wenn man das Gefühl hat, dass sie sich nicht beteiligen.

Ein Ad-hoc-Meeting kann stressig und ineffektiv sein. Diese Tipps werden aber helfen, es gut durchzuführen.

5.13 Ein virtuelles Meeting in der Spur halten

Die größte Gefahr eines Meetings ist, dass es aus dem Ruder läuft oder den Fokus verliert. In virtuellen Meetings ist die Gefahr tendenziell größer. Die Teilnehmer sind z. B. leicht abzulenken. Vier Ratschläge werden helfen, ein virtuelles Meeting zu fokussieren:

Eine Agenda

Man braucht auf jeden Fall eine Agenda, die man dann auch verteilen und beim Meeting immer präsent haben sollte (siehe Kapitel 4.6).

Alle sind verantwortlich

Jeder sollte hinterfragen, ob das aktuelle Gespräch für die Agenda relevant ist. Wie beim Peer-Review kann das sehr wirkungsvoll sein und der Gruppe helfen, wieder auf den richtigen Weg zu kommen. Wenn die Teilnehmer sich nicht gut kennen oder es eine Hierarchie gibt, so dass die Mitarbeiter eine Frage nicht öffentlich stellen wollen, kann man sie dazu ermutigen, den Moderator über das private Chat-Tool zu fragen.

Inhalte offline nehmen

Wenn ein Thema nicht jeden in der Gruppe erfordert, sollte man es von den entsprechenden Mitarbeitern offline besprechen lassen. Das heißt nicht, dass das Thema nicht wichtig ist, aber es werden halt nicht alle gebraucht. Es gibt keinen Grund dafür, dass alle anderen im Meeting zwei Teilnehmern zusehen und zuhören, wenn sie etwas diskutieren.

Nutze einen Themenspeicher

Manchmal kommen Dinge zur Sprache, die wichtig sind, aber nicht auf der Agenda stehen. Bevor die Meetings beginnen, kann man ein Whiteboard dafür vorbereiten. Oder wenn man ein Slide-Deck benutzt, fügt man eine leere Seite hinzu. Diese nennt man dann Themenspeicher. Wenn Punkte aufkommen, die nicht zum Thema gehören, aber wichtig sind, gehören sie dorthin. Wenn man das tut, muss man sie natürlich am Ende des Meetings noch einmal ansprechen, um festzustellen, wann oder wie diese Probleme diskutiert oder gelöst werden müssen. Wenn die Teilnehmer wissen, dass die Themen gespeichert werden, ist es für sie angenehmer, das Thema vorerst zu parken und zur Tagesordnung zurückzukehren.

Mit diesen vier Tipps hält man ein Meeting auf Kurs und alle auf aktiv.

5.14 Das Meeting beenden

Beende jedes Meeting mit einem Aktionsplan. Bekäme man einen Euro für jedes Meeting, das in der nächsten Stunde ohne klaren Plan und Einigkeit über die nächsten Schritte endet, würden keiner mehr arbeiten müssen.

Wenn man bessere Meetings möchte, dann muss man sicherstellen, dass die Teilnehme beim Verlassen des Meetings wissen, was als Nächstes passiert.

Um dieses klare, gegenseitige Verständnis zu bekommen, braucht man einen einfachen Aktionsplan.

Wer, was, bis wann.

Genau das muss in diesem Post-Meeting-Aktionsplan stehen. Was wird getan werden, von wem und bis wann.

Den Aktionsplan visuell festhalten. Bevor das Meeting beginnt, sollte man ein einfaches Slide mit einer dreispaltigen Tabelle mit den Überschriften *Was, Wer* und bis *Wann* vorbereiten. Das hält man zum Teilen auf dem Bildschirm bereit und schaltet bei Bedarf darauf um.

Am Ende des Meetings wird der Plan vervollständigt. Sobald die Aufgaben identifiziert sind, schreibt man sie auf. Man muss während des Meetings nicht alle drei Spalten ausfüllen. Es reicht, das *Was* zu erfassen und das *Wer* hinzuzufügen, falls sich sofort jemand freiwillig meldet.

Bevor das Meeting vorbei ist, teilt man den Plan wieder auf dem Bildschirm. Man beendet das Meeting erst, wenn es ein *Wer* gibt und ein *Wann* für jedes *Was*. Nur dann werden alle ein gegenseitiges Verständnis für die Verantwortung und die nächsten Schritte haben.

- **Das Ergebnis sofort im Anschluss teilen.** Man stellt sicher, dass jeder weiß, wo dieser Plan gespeichert ist, oder jeder erhält ihn per E-Mail.

- **Das Meeting immer mit dem letzten Plan starten.** Da man sich versichern will, dass diese Punkte auch erledigt werden, legt man den Plan zu Beginn des nächsten Meetings auf. Dann geht man ihn gemeinsam durch, markiert die abgeschlossenen Punkte oder gibt ein sehr kurzes Update.

- **Die gleiche Tabelle weiternutzen.** Neue Action-Items aus dem laufenden Meeting werden einfach hinzugefügt. Damit hat man ein lebendes Dokument aller vereinbarten Aufgaben und eine viel bessere Chance, dass alle Teilnehmer die Aufgaben zwischen den Meetings auch tatsächlich erledigen.

Wenn man einen Aktionsplan so verwendet, dann werden Meetings weniger frustrierend sein und es wird mehr erreicht werden.

Übung

Wie beendet ihr eure Meetings? Welche Möglichkeiten siehst du, Meetings nachhaltiger zu machen? Gibt es eine bessere Möglichkeit, als das mit einem Actionplan zu machen?

Wer?	Was?	Bis wann?

KAPITEL 6

Culture eats strategy for breakfast – virtuell eine Kultur einführen

In diesem Kapitel lernst du eine Teamkultur aufzubauen, die dein Team produktiver und engagierter macht.

Schon bevor die meisten von uns den Begriff „Coronavirus" kennengelernt haben, war der Trend zur Remote-Arbeit steil nach oben gegangen. Die Antwort auf die Frage „Warum ist Teambuilding mit Remote-Mitarbeitern heute wichtiger denn je?" hat also nichts damit zu tun, dass Teambuilding plötzlich wichtig geworden ist, sondern damit, dass sich Remote-Arbeit schneller durchgesetzt hat, als wir ursprünglich gedacht hatten.

Zwar sind einige Prozesse in einer virtuellen Umgebung inzwischen genauso ausgefeilt wie in einer persönlichen Umgebung, aber das Teambuilding mit Remote-Mitarbeitern ist noch weit davon entfernt, wirklich gut zu sein.

Das liegt zum großen Teil daran, dass das Thema nicht intuitiv ist: Wenn Mitarbeitende an Team-Building-Aktivitäten denken, denken sie in der Regel an Bäumeumarmen, Partys und Hochseilgärten. Sofern die Umstände es zulassen, sind gemeinsame Erlebnisse vor Ort in der Tat ein wirksames Mittel, um eine Gruppe von Kollegen einander näherzubringen. Remote ist das aber keine Option. Die Wahrheit ist, dass die moderne Technologie es viel leichter macht, sinnvolle Zeit miteinander zu verbringen, ohne sich am selben Ort zu befinden. Führungskräfte müssen zwar noch lernen, wie sie die verfügbaren Technologien am besten nutzen können, aber die Werkzeuge sind durchaus in Reichweite.

In diesem Kapitel werden ich einige Übungen vorstellen, wie man ein Team Building auch virtuell durchführen kann, und auch aufzeigen, warum das Team Building mit Remote-Mitarbeitern so wichtig ist.

6.1 Warum überhaupt ein Teambuilding?

Warum solltest du dich überhaupt mit Teambuilding beschäftigen und warum ist eine Teamkultur so wichtig? Jetzt ist es an der Zeit, herauszufinden, wo du und/oder dein Team heute stehen und wohin du in Zukunft gehen möchtest. Wir werden uns nicht darauf konzentrieren, über Teamkultur zu sprechen, sondern eine zu entwickeln.

Vertrauen ist ein Gefühl

Wenn wir über ein vertrauensvolles Team sprechen, vergessen wir oft, dass Vertrauen keine Anweisung ist. Du kannst niemandem sagen, dass er dir vertrauen soll. Keine Führungskraft kann seinen Mitarbeitern einfach sagen: „Vertraut mir." – So funktioniert das nicht.

Vertrauen ist ein Gefühl! Es ist ein biologisches Gefühl, ein Gefühl, das sich aus dem Umfeld speist, in dem wir uns befinden. Wenn wir uns in unserer eigenen Umgebung sicher fühlen, wenn wir das Gefühl haben, dass unsere Führungskräfte sich um uns als menschliche Wesen kümmern, uns bei der eigenen Entwicklung helfen wollen und unser eigenes Vertrauen in unsere Fähigkeiten aufbauen wollen, dann entsteht Vertrauen.

Wenn wir uns in unserem eigenen Team nicht sicher fühlen, wenn wir das Gefühl haben, dass unsere Führungskraft eher uns als ihre Ziele opfern würde, dann ist die menschliche Antwort auf diese Zustände Zynismus, Paranoia, Misstrauen und Eigeninteresse.

Wie schaffst du Vertrauen?

Wenn wir vertrauensvolle Teams aufbauen wollen, müssen wir als Führungskräfte ein Umfeld schaffen, in der sich die Mitarbeiter untereinander und vor den Führungskräften sicher fühlen ...

Wenn jemand leidet und schlechte Leistung bei der Arbeit abliefert, zeigen wir Einfühlungsvermögen. Schließlich haben und hatten wir alle schon Leistungsprobleme. Wenn du jemanden anschreist: „Du hast deine Ziele für das dritte Quartal in Folge verpasst. Wenn du sie dieses Quartal nicht bringst, kann ich für nichts garantieren", dann ist das nicht hilfreich. Vielmehr solltest du ihn fragen: „Du hast deine Zahlen für das dritte Quartal in Folge verpasst. Geht es dir gut? Ich mache mir Sorgen um dich. Ich mache mir Sorgen um dich, weil du nicht auf dem Niveau arbeitest, von dem ich weiß, dass du dazu in der Lage bist." Finde dann heraus, was los ist. Vielleicht hat er zu Hause Probleme. Vielleicht hat er Probleme mit seinen Kindern. Vielleicht gibt es Stress. Vielleicht sind seine Eltern krank. Vielleicht ist er müde. Vielleicht ist er überfordert.

So ein Verhalten schafft eine Umgebung, in der jemand um Hilfe bitten wird. Mit anderen Worten: Die Leistung wird steigen, wenn jemand bereit ist, demjenigen zu helfen und zuzuhören.

Mitarbeiter müssen ihre Menschlichkeit zugeben dürfen

Wir alle müssen verletzlich sein dürfen. Das bedeutet nicht, heulend herumzulaufen.

Verwundbarkeit bedeutet, Dinge zu sagen wie:

- „Ich weiß nicht, was ich tue."

- „Du hast mir diese Aufgabe gegeben und ich weiß nicht, wie ich sie erledigen soll."

- „Ich habe einen Fehler gemacht."

Das bringt uns in eine verwundbare Position, besonders in einer Arbeitswelt, in der der Austausch der Ressource Personal manchmal beiläufig passiert, sodass man sich fühlt, als ob man immer auf einer Abschussliste steht.

Und so möchte keiner gerne Schwäche zeigen, ob es nun Angst, Zweifel oder Fehler sind, die wir gemacht haben, oder mangelnde Fähigkeiten und Fertigkeiten. Viele behalten es leider einfach für sich und verbringen ihre Tage mit Lügen, Verstecken und Vortäuschen. Wenn Mitarbeiter Aufgaben übernehmen, von denen sie nicht wissen, wie sie sie machen sollen, und sie lügen, sich verstecken und vortäuschen, bedeutet das, dass der Output schlecht sein wird. Die Ironie ist, wenn die Mitarbeiter ihre Fehlbarkeit, ihre Menschlichkeit verbergen, dann wird das Team tatsächlich schwach. Denn wenn niemand Fehler zugibt, werden sich diese Fehler noch verstärken.

Aber wenn wir eine Arbeitsumgebung schaffen, in der sich die Mitarbeiter sicher genug fühlen, um zu ihrem Chef zu sagen: „Ich brauche Hilfe", oder „Ich weiß nicht, was ich tue", oder „Ich habe einen Fehler gemacht", dann ist das Erstaunliche daran, dass dies das Team tatsächlich stärker macht.

Auf Augenhöhe mit Mitarbeitern

Bescheidene und bodenständige Führungskräfte geben einem das Gefühl, auf Augenhöhe zu arbeiten. Sie vermitteln das Gefühl, dass sie nur zur Arbeit kommen, um jeden Tag etwas zu lernen. Und sie betrachten sich selbst nicht als Experten, nicht einmal in ihrem eigenen Job als Führungskraft.

Denn niemand ist ein Experte. Man kann ein fortgeschrittener Neugieriger sein, aber ich kenne keinen Menschen, der alles weiß. Der Versuch, sich als unfehlbar darzustellen, führt dazu, dass man dir als Führungskraft oder als Menschen nicht vertraut. Das Gegenteil ist der Fall, wenn man sich als fehlbar akzeptiert – dann vertrauen dir andere.

Freu dich auf den nächsten Abschnitt, da sprechen wir über den Einfluss der Kultur.

Übung

Finde Wörter und/oder Ausdrücke, die du mit deinem Team assoziierst.

Füge für jeden Buchstaben des Begriffs „Teamkultur" (du kannst auch deinen Firmennamen nehmen) ein Wort/einen Satz ein, das/der mit diesem Buchstaben beginnt. Hier ein Beispiel mit meinem Firmennamen:

Magisch

Intensiv

Toll

Abenteuerlich

Remote

Bescheiden

Ehrgeizig

Integer

Tatendrang

Ehrlich

Relevant

Feinfühlig

Überdurchschnittlich

Humorvoll

Real

Einladend

Neugierig

Jetzt bist du dran:

Denk darüber nach, wie dein Team heute ist, nicht darüber, wie du es dir wünschst.

Versuche, so konkret wie möglich zu sein.

Du hast 10 Minuten für diese Übung.

6.2 Was die Teamkultur alles beeinflusst

Die Teamkultur ist das Rückgrat eines glücklichen Teams. Ohne eine positive Teamkultur werden viele Mitarbeiter Schwierigkeiten haben, den wahren Sinn in ihrer Arbeit zu finden. Und dies führt zu einer Vielzahl negativer Konsequenzen. Der Teamerfolg wird direkt von deiner Teamkultur beeinflusst werden.

Eine positive Kultur fördert die Loyalität der Mitarbeiter. Es ist viel wahrscheinlicher, dass Mitarbeiter bei dir bleiben, wenn sie das Gefühl haben, dass sie richtig behandelt werden. Wenn sie glücklich sind, werden sie jeden Tag für dich und mit einem Team arbeiten.

Mitarbeiter arbeiten tendenziell anders als früher und auch die Erwartungshaltung hat sich gewandelt. Früher war der Hauptgrund zu arbeiten, Geld zu verdienen, damit du essen kannst und eine Rente bekommst, wenn du alt bist. Heutzutage steht dies für viele nicht mehr im Mittelpunkt der Arbeit. Die Mitarbeiter brauchen immer noch Geld zum Leben, aber der Sinn der Arbeit rückt immer mehr in den Mittelpunkt. Früher waren Mitarbeiter glücklich, wenn sie einen „ok" Chef hatten. Dieser Fokus wechselte und es ist nicht mehr der Chef, auf den man sich heute konzentriert. Es ist ein Kollege.Es ist das Team.

Für die Mitarbeiter ist es wichtig, dass sie sich gut mit Kollegen verstehen und produktiv zusammenarbeiten können, und deshalb reicht es nicht alleine aus, monatliche Feedback-Gespräche mit deinen virtuellen Mitarbeitern durchzuführen. Es ist viel wichtiger, dass deine virtuellen Mitarbeiter die Möglichkeit haben, mit einem virtuellen Kollegen eine Beziehung aufzubauen, um sich gegenseitig besser kennenzulernen.

Mache ein Teambuilding

Mache ein Teambuilding mit deinem kleinen Team, damit ihr euch kennen lernt und ein starkes Gemeinschaftsgefühl aufbauen könnt.

- Das muss nicht viel kosten.

- Du musst keine teuren Ausflüge organisieren.

- Mach stattdessen ein Online-Teambuilding z.B. ein gemeinsames virtuelles Mittagessen.

- Oder investiere vielleicht sogar in einen Team-Workshop, der nur ein bis zwei Stunden dauert. Das wird dein Team unterstützen und du kannst darin an den brennendsten Themen arbeiten.

Ermögliche deinen Mitarbeitern flexibles Arbeiten

Mitarbeiter suchen nach einem Sinn in ihrer Arbeit, aber sie haben auch eine hohe Sensibilität für ihre Work-Life-Balance. Viele virtuelle Mitarbeiter mögen virtuelle Arbeit, weil sie ihnen mehr Flexibilität ermöglicht.

Wie gehst du damit um? Schau dir dein Team an: Müssen die Mitarbeiter von 9 bis 5 Uhr da sein oder können sie dann arbeiten, wenn sie am produktivsten sind? Müssen sie an einem bestimmten Ort bleiben? Dürfen sie den Ort selber wählen? Können sie von überall aus arbeiten?

Eine gute Teamkultur spricht Mitarbeiter an

Wichtig ist zu verstehen, dass Mitarbeiter nicht mehr ihr ganzes Berufsleben planen. Sie erwarten sicher nicht, dass sie für immer in derselben Firma bleiben. Entwickle deine Mitarbeiter, unterstütze sie dabei, besser zu werden. Und wenn sie dann eine andere Möglichkeit sehen, lass sie ziehen. Am besten ist natürlich, wenn du ihnen gute Gründe gibst bei dir zu bleiben.

Personal-Fachleute sind sich einig, dass eine starke Unternehmenskultur einer der besten Wege ist, um potenzielle Mitarbeiter zu halten. Eine positive Kultur gibt einer Organisation einen Wettbewerbsvorteil. Deshalb werden Websites, auf denen du deinen Arbeitgeber bewerten kannst, immer wichtiger.

Ein Unternehmen mit einer positiven Kultur wird die Art von Talent anziehen, das bereit ist, den nächsten Arbeitsplatz nicht nur als Sprungbrett zu nutzen. Eine starke Kultur kann deiner Firma viel Geld sparen, wenn du die richtigen Talente anziehst und behältst.

Merke: Ein tolles Produkt spricht Kunden an. Genauso spricht eine gute Teamkultur talentierte Mitarbeiter an.

- Welche anderen Teile, die direkt von deiner Teamkultur beeinflusst werden, bestimmen den Erfolg deines Unternehmens?

- Eine positive Kultur erleichtert soziale Interaktion, Teamarbeit und offene Kommunikation.

- Zusammenarbeit kann zu erstaunlichen Ergebnissen führen.

- Leistung ist ein weiterer Bereich, der von deiner Teamkultur abhängt. Starke Unternehmenskulturen führen zu einer höheren Produktivität. Das liegt daran, dass die Mitarbeiter motivierter und engagierter gegenüber Arbeitgebern sind, die in ihr Wohlbefinden investieren.

- Und schließlich die Arbeitsmoral. Die Aufrechterhaltung einer positiven Unternehmenskultur ist ein garantierter Weg, um die Arbeitsmoral der Mitarbeiter zu fördern.

Die Art und Weise, wie wir arbeiten, verändert sich. Und nicht erst seit der Pandemie. Virtuell zu arbeiten wird sich in Zukunft noch mehr ausweiten. Das meiste, worüber wir bisher gesprochen haben, bezieht sich sowohl auf virtuelle Teams als auch auf Vor-Ort Teams. Was speziell für virtuelle Teams gilt, kommt in den nächsten Abschnitten.

6.3 Warum Teams einen Purpose brauchen

In diesem Abschnitt werden wir den Purpose deines Teams unter die Lupe nehmen. Ich bleibe bei dem englischen Wort Purpose, weil es wirklich schwer ist, eine präzise deutsche Übersetzung zu finden, und Purpose sich schon fast eingedeutscht hat.

Purpose könnte auf Deutsch Sinn, Zweck oder die Antwort auf die Frage „Warum" sein.

Purpose und Kultur müssen aufeinander abgestimmt sein, um von Nutzen zu sein, aber sie sind nicht dasselbe. Um im nächsten Abschnitt eine Teamkultur schaffen zu können, müssen wir zunächst den Unterschied zwischen Purpose und Kultur diskutieren.

Du darfst sie nicht verwechseln.

Was ist also Purpose?

Ein guter Purpose ist der Grund,

- warum ein Team existiert,
- warum es gebildet wurde und
- warum es in der Organisation gebraucht wird.

Kultur hingegen ist

- die Art und Weise, wie ihr zusammenarbeitet,
- eure Werte,
- eure Normen,
- eure erwarteten Verhaltensweisen.

Purpose, Werte und Kultur.

Was ist also der Unterschied?

Manche Mitarbeiter verwechseln Purpose, Kultur und Werte. Es gibt drei ähnliche, aber unterschiedliche Konzepte.

Wenn Werte und Kultur mathematische Gleichungen wären, würde es ungefähr so aussehen:

Purpose gibt die Richtung an. Also mathematisch gesehen ist **Purpose = Richtung**

Die **Kultur** setzt sich aus den **Werten** und den **Gewohnheiten** zusammen, die den **Purpose** unterstützen. Mathematisch gesehen ist also Kultur = Werte + Gewohnheiten.

Beim **Purpose** geht es um die Richtung, in die dein Unternehmen gehen will, während **Werte** als eine Roadmap dienen, die dich dorthin bringt, wo du hin willst.

Gewohnheiten hingegen ähneln vielleicht eher einem Fitnessprogramm, das du vor einer langen Wanderung machst, oder der Inspektion deines Autos, um sicherzugehen, dass du bei deiner Reise keine Panne hast.

Werte und **Gewohnheiten** zusammen definieren also deine **Kultur** und machen die Idee des **Purpose** zu etwas, über das nicht nur in Vorstandsetagen gesprochen wird, sondern das von deinen Mitarbeitern jeden Tag gelebt wird.

Purpose und **Werte** zusammen erhöhen das Engagement, die Bereitschaft von jemandem, einen starken Beitrag zur Arbeit zu leisten.

Deine **Kultur** ist eine Kombination aus den **Werten**, die deine Organisation leiten, und den **Gewohnheiten**, die deine Mitarbeiter leben.

Dies gibt deinem **Purpose** Leben.

Werte sind Ideale, die bei der Entscheidungsfindung helfen.

Ich habe mir die Werte von o2 zu eigen gemacht. Es hat mir Spaß gemacht, dort zu arbeiten, und ich bin dort über 6 Jahre geblieben – bis sich die Werte geändert hatten. Meine und somit die Werte von Mitarbeiterführen sind nach wie vor:

Open (wir sind offen für neue Ideen und für die Ansichten anderer)

- Trusted (wir vertrauen auf uns und auch unserer Kollegen, dass sie immer mit den besten Absichten handeln)

- Bold (da denke ich immer an Raumschiff Enterprise, to boldly go where no one else has gone – also wir sind mutige Unternehmer)

- Clear (wir sprechen eine deutliche und klare Sprache, keine versteckten Sternchentexte usw.)

Bei o2 kannte die fast jeder und das konnte sich auch jeder merken. Jeder Mitarbeiter und jedes Team hat bei allen Entscheidungen überlegt, ob es anhand dieser Werte okay ist, diesen Weg zu gehen.

Kommen wir auf **Gewohnheiten** zu sprechen. Sie hingegen haben mehr mit deinen Handlungen zu tun. Du erinnerst dich noch, dein Fitnesstraining.

Es können physische Handlungen sein, wie zum Beispiel jede Woche ein Weekly durchzuführen. Es können auch geistige Handlungen oder Denkweisen sein. Sich regelmäßig einen Moment des Tages Zeit zu nehmen, um darüber nachzudenken, warum wir tun, was wir tun.

Da ist noch der **Purpose**

Einen klar definierten Purpose zu haben, hilft einem Team zu verstehen, wohin es geht und wohin die Firma geht. Die Richtung also.

Du gibst deinem Team Richtung und Führung, indem du dein Ziel definierst. Ziel ist also gleich Richtung plus Führung.

Wie eine solche Zieldefinition aussehen kann, wirst du in den nächsten Abschnitten herausfinden. Vorher wollen wir uns aber mal ein paar Beispiele für einen Purpose anschauen.

6.4 Beispiele für einen Team-Purpose

Ein klar definierter Purpose gibt deinem Team Führung. Aber leider reicht nicht irgendein toll klingender Purpose.

„Der Beste zu sein" oder „die höchste Qualität zu haben" oder „der Vertrauenswürdigste zu sein", erzeugt selten viel Klarheit darüber, wohin die Reise gehen soll.

Ein Purpose muss greifbar und überzeugend sein

Ich möchte dir gerne ein Beispiel einer Firma zeigen, die ihren Teams einen klaren, greifbaren und überzeugenden Purpose gab und damit einen großen Unterschied machte.

Wie sieht das beim Abfallwirtschaftsbetrieb Münchens aus? Was haben die Führungskräfte hier in Sachen Purpose gemacht?

„... Wir sorgen für die langfristige Sicherheit bei der Restmüllentsorgung und Abfallverwertung. Wir tragen zur Lebensqualität und Zukunftsfähigkeit unserer Stadt bei, indem wir die Abfallgebühren stabil halten, die Recyclingquote erhöhen und Stoffkreisläufe schließen ..."

Die Mitarbeiter der Abfallentsorgung spielen eine Schlüsselrolle bei der Erhaltung der Lebensqualität und somit Zukunftsfähigkeit einer Stadt. Du möchtest dir nicht vorstellen, wie es ist, wenn es keine Abfallentsorgung mehr gibt.

Das ist besser als nur Mülltonen zu entleeren, oder?

Der Führungsmannschaft ist es gelungen, dem AWM-Team ein klares Ziel zu geben. Ein Purpose, mit dem sich das Team identifizieren konnte, und ein Purpose, der nicht unerreichbar ist.

- „Die Abfallgebühren stabil zu halten",

- „die Recyclingquote zu erhöhen" und

- „die Stoffkreisläufe zu schließen"

ist klar genug, um zu verstehen, was das Team zu tun hat, und es liegt in der Macht der einzelnen Teammitglieder.

Außerdem ist es motivierend, Teil eines Teams zu sein, das dabei hilft, die Lebensqualität und Zukunftsfähigkeit der eigenen Stadt zu fördern.

Hier ist ein weiteres Beispiel für ein Unternehmensleitbild:

„Wir möchten Menschen in jeder Umgebung inspirieren und fördern – Tasse für Tasse, Kaffeetrinker für Kaffeetrinker."

Die Mission ist nicht, den meisten Kaffee zu verkaufen oder gar den besten Kaffee zu machen. Es ist viel ambitionierter. Stattdessen ist es die Aufgabe, Kunden mit Hilfe von Kaffee zu vernetzen, zu inspirieren, zu fördern, und das ist etwas, hinter dem jeder Mitarbeiter stehen kann. So macht das Starbucks.

Ein Purpose Statement muss für jedes einzelne Team und jede Firma maßgeschneidert sein.

Der Purpose definiert, warum du tust, was du tust, und hält dein Mission Statement in einem realistischen, erreichbaren, greifbaren und überzeugenden Rahmen.

Als Nächstes wirst du also das tun, was jedes Team braucht: das Purpose Statement deines Teams definieren.

6.5 Den Purpose definieren

Bevor wir zum nächsten Schritt übergehen und deine Teamkultur definieren, also die Art und Weise, wie ihr zusammenarbeiten wollt, wie ihr euer Produkt und euren Service einbringt und liefert, müssen wir zuerst darüber nachdenken, wie ihr das tut, was ihr tut.

Ich werde dich durch diese Schritte führen, um euren ganz eigenen Team Purpose zu designen.

Binde dein Team mit ein

Du kannst natürlich selbst an den verschiedenen Schritten arbeiten und später deinen Team Purpose mit deinem Team teilen. Allerdings empfehle ich, es gleich mit deinem Team zu machen und den Schritt, die Aufgaben alleine zu lösen, zu überspringen. Lass jeden in deinem Team die Idee designen, warum ihr als Team zusammenarbeitet. Dann kombiniert ihr die verschiedenen Ideen zu einem offiziellen Team Purpose.

Übung

Ich möchte jetzt, dass du darüber nachdenkst, was dein Team tut. Das ist Schritt 1 von 3:

Die Aufgabe besteht darin, in fünf bis sechs Worten aufzuschreiben,

- was das Team tut oder
- was es liefert oder
- was es produziert.
- Fasse dich kurz.

Falls dein Team mehrere Dinge produziert, wähle das, was 80 Prozent des Arbeitsfokus ausmacht.

Hier ist ein Beispiel: *Unser Team liefert Finanzberichte.*

Jetzt, wo du genau weißt, was du tust, denke darüber nach, für wen du es tust. Das ist Schritt 2 von 3:

Wer sind deine wichtigsten Stakeholder?

Wer hat durch deinen Erfolg am meisten zu gewinnen oder zu verlieren? Erstellst du zum Beispiel Finanzberichte für einen internen Stakeholder oder für einen Endkunden?

Konzentriere dich auf wichtige Partnerschaften.

Jetzt hast du Schritt 1 und 2 hin zum Purpose Statement gemacht.

Die Ergebnisse aus Schritt 1 und 2 musst du nun im Hinterkopf behalten, wenn du zu Schritt 3 übergehst und deine Team Purpose erstellst.

Warum machen wir, was wir machen?

Ich möchte, dass du dich jetzt fragst, was die endgültigen Auswirkungen für den Nutzer deiner Dienstleistung oder deines Produkts sind. Welchen Beitrag leistest du für deine Organisation und die Welt, den niemand sonst so gut leisten kann? Woher weißt du, dass du deine Arbeit gut gemacht hast?

Aber versuche, dich so kurz wie möglich zu fassen. Nicht länger als ein Tweet.

Wenn du fertig bist, kannst du deinen Purpose mit deinem Team teilen. Ich schlage vor, dass du die Ideen aller Teammitglieder zusammenführst, um einen gemeinsamen Purpose zu erstellen.

Sei mutig, wenn du deinen Purpose aufschreibst, denn das ist ein großer Schritt. Was Starbucks kann, das kannst du auch. Feiere ihn.

Nachdem wir nun unseren Purpose definiert haben, ist es an der Zeit, ihn mit dem Thema dieses Kapitels in Beziehung zu setzen. Teamkultur.

6.6 Die Teamflagge

Kultur ist, wie dein Team zusammenarbeitet.

Es ist oft schwer, Teamkultur in Worte zu fassen und zu definieren, aber sie ist leicht zu fühlen und zu erfahren.

- Kultur drückt sich in der Art und Weise aus, wie die Mitarbeiter miteinander reden.

- Die Art und Weise, wie die Arbeit zugewiesen und erledigt wird und

- Die Art und Weise, wie sich die Putzfrau oder der Empfang sieht und wie sie behandelt werden.

Ich erinnere mich an eine Firma, in der ich gearbeitet habe, da hat die kaufmännische Leiterin den Pizzaboten mit den Worten gefaltet, was er sich denn erlaube, sie wäre immerhin VP. Die Lieferung hatte länger als erwartet gedauert, auch weil die VP die Hausnummer falsch angegeben hatte. Kein Beispiel für eine guten Umgang und eine gute Kultur Kultur.

In diesem Abschnitt geht es daher darum, deine bestehende Teamkultur zu analysieren und festzuzurren, wie die Kultur in Zukunft aussehen soll, bevor ihr dann beginnt, eure eigene Teamflagge zu erstellen.

Warum eine Flagge?

Eine Flagge wurde schon Mittelalter von den Königen benutzt, um Einheit zu stiften. Sie hilft dir zu erkennen, wo deine Leute sind. Eine Flagge wird nicht nur von Nationen verwendet: Fußballvereine haben ihre eigene Flagge. Gemeinnützige Organisationen haben eines und natürlich auch Unternehmen.

Eine Flagge bietet Identifikation und es kann zeigen, wo du herkommst, welche Werte du hast und wofür du stehst. Kurz gesagt, eine Teamflagge zeigt die Symbole eurer Teamkultur.

Deine eigene Flagge, die die Kultur deines Teams repräsentiert

Deine Flagge wird in fünf Abschnitte unterteilt sein. Deshalb werde ich mit dir fünf verschiedene Übungen durchführen, mit denen du deine eigene Flagge erstellen wirst. Du kannst Bilder malen, Wörter oder ganze Sätze schreiben und später kannst du die Flagge mit deinem Team teilen und (wenn dein Team die Übung auch gemacht hat) zu einer gemeinsamen Teamflagge zusammenfügen.

Der erste Einstieg ist einfach. Es ist der Purpose, den wir im vorherigen Abschnitt erstellt haben. Schau dir noch einmal deine Aussage an. Könnte ein 8-Jähriger verstehen, was du tust? Wenn nicht, überarbeite und verbessere es. Wenn du damit zufrieden bist, schreibe es in den ersten Teil deiner Flagge. Wir sind schon einen Schritt näher an deinem Teamkultur Statement.

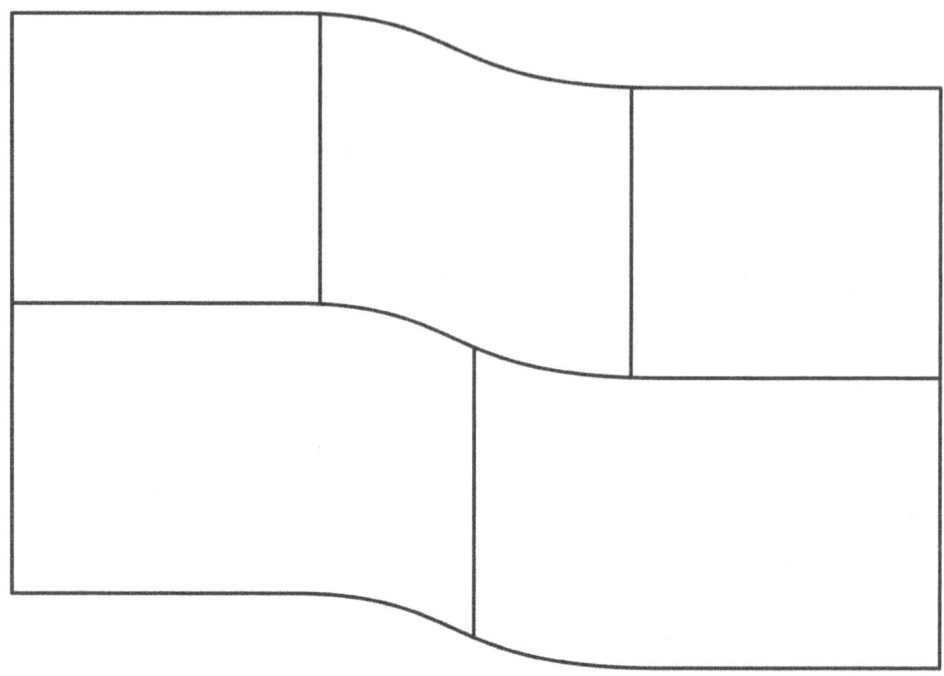

6.7 Dein Beitrag zum Team

Jetzt, wo wir uns über den Zweck, den Purpose des Teams im Klaren sind, wird es Zeit, sich einmal auf dich als Individuum zu konzentrieren. Was bringst du mit in das Team?

Das Ganze ist größer als die Summe seiner Teile.

Das hat schon Aristoteles gesagt, aber das stimmt natürlich nur, wenn jeder sein Bestes gibt. Man kann mit anderen mehr erreichen, aber nur, wenn man ein starkes Team bildet.

Übung

In dieser Übung werde ich dir drei Fragen stellen, die ich dich bitte in Bezug auf deine Arbeit und nicht auf dich als Privatperson zu beantworten. Ich weiß, dass viele Mitarbeiter sagen, dass sie ihre Arbeit lieben und dass sie bei der Arbeit und in ihrem Privatleben genau dieselbe Person sind. Aber bitte versuche dich nur bei der Arbeit zu sehen und stelle dir vor, dass du bei der Arbeit bist, wenn du diese Fragen beantwortest.

Nimm dir für jede Frage zwei Minuten Zeit, um darüber nachzudenken. Stelle einen Timer auf zwei Minuten ein. Es hilft dir deine Gedanken laut auszusprechen.

Denke nach, während du sprichst. Du brauchst deine Antworten auf die drei Fragen nicht aufzuschreiben. Sprich deine Gedanken laut aus. Falls du sie dennoch aufschreiben willst, kannst du das natürlich tun.

Falls du diese Übung mit deinem Team machst, bilde immer Paare von zwei Mitarbeitern und lass alle zwei Minuten lang reden. Wechsle die Paare bei jeder Frage, um eine neue Dynamik zu erzeugen. Das nennt man Speed-Dating.

Die erste Frage, die du beantworten sollst, ist:

Was macht dich bei der Arbeit anders?

Beantworte die Frage innerhalb von zwei Minuten. Dann weißt du schon, was dein Beitrag bei der Arbeit ist.

Du weißt nun schon, wie du mit deinen Teamkollegen arbeiten möchtest.

Die zweite Frage wird einen Schritt tiefer gehen. Stell deinen Timer wieder auf zwei Minuten. Beantworte die folgende Frage:

Wofür kämpfst du bei der Arbeit?

Herzlichen Glückwunsch, unserer Mission, deinen Beitrag zu deinem Team herauszufinden, sind wir ein Stück näher gekommen. Die letzte Frage, über die du nachdenken sollst, ist:

Wie kannst du den Erfolg anderer unterstützen?

Starte deinen Zwei-Minuten-Timer.

Bleibt nur noch eines zu tun: in Bezug auf die Antworten, die du gerade auf die drei Fragen gegeben hast, aufzuschreiben, was dein Beitrag für das Team ist.

Nimm deine Flagge und übertrage deine Gedanken in eines der freien Felder. Es kann ein Satz, einen Text, ein paar Worte oder sogar ein Bild sein. Bitte mach es so, dass die Botschaft klar ist. Du hast fünf Minuten.

Der nächste Schritt bringt dich deiner idealen Teamkultur näher.

6.8 Wie du wirkst

Wir werfen ständig mit diesem Wort um uns, das wir Wirkung nennen. Weißt du, was deine Wirkung ist? Und wie würdest du sie definieren oder einsetzen? Ich kann dir versichern, dass du mehr Einfluss nimmst, als dir bewusst ist. Stell dir mal vor, wie viele Menschen du schon wissentlich und unwissentlich beeinflusst hast. Jeder, dem du begegnet bist, ist durch diese Begegnung beeinflusst worden.

Selbst die introvertiertesten Mitarbeiter werden in einem durchschnittlichen Leben 10.000 andere Menschen beeinflussen. Zum Beispiel wenn du die Tür für jemanden aufhältst, der einflussreich ist. Ob die Person sich bei dir bedankt oder nicht, hat Auswirkungen auf dich. Du bist glücklich, wenn dich jemand ernst nimmt, und verärgert, wenn die Person es nicht tut. Wenn du einen Mitarbeiter lobst, hast du eine Wirkung auf diese Person. Wenn du einen anderen Menschen kritisierst, dann hast du auch Einfluss.

Was ist Wirkung überhaupt?

Eine sehr allgemeine Definition von Wirkung ist: *einen starken Einfluss auf jemanden oder etwas zu haben.*

Wir gehen typischerweise unserer täglichen Routine nach, ohne uns unserer Wirkung auf andere bewusst zu sein. Wir überlegen nicht, ob wir einen positiven oder negativen Eindruck hinterlassen. Besonders wenn wir anderen nicht von Angesicht zu Angesicht gegenüberstehen, ist uns unsere Wirkung häufig nicht bewusst.

Das gleiche Problem haben wir auch bei der virtuellen Arbeit: Wir haben unsere Kollegen nicht die ganze Zeit vor uns. Wir sehen die Reaktion auf unsere Aktion nicht. Also denken wir nicht allzu viel darüber nach, welche Art von Einfluss wir auf sie ausüben. Wenn du dir klarmachst, welche Auswirkungen du auf andere hast, und dir dann klar wird, dass du mehr Einfluss hast, als du das für möglich gehalten hast, wirst du dich fragen, was die anderen wohl über dich denken.

Jetzt, wo du weißt, welchen Einfluss dein Verhalten auf deine Wirkung hat, wird es Zeit darüber nachzudenken, was du erreichen möchtest. Mit anderen Worten: Willst du als positiv wahrgenommen werden, als jemand, der Probleme löst, oder als jemand, der immer nur kritisiert und den Finger in die Wunde legt?

Jede Aktion hat eine Reaktion

Wie du in den Wald hineinrufst, so schalt es wieder heraus, heißt es.

Sei der Architekt deiner Zukunft. Sei dir deines Einflusses bewusst. Führungskräfte, die die Welt zum Besseren beeinflussen wollen, wissen, dass sie nicht perfekt sind. Sie verstehen, dass ihr Wissen nicht vollständig ist. Es gibt immer Wissens-Lücken.

Einflussreiche Führungskräfte beschäftigen sich mit anderen Menschen. Sie haben keine Angst davor, ihre Komfortzone zu verlassen. Sie sind vertrauensvoll. Sie sind offen und sie verbringen ihre Zeit nicht mit dem, was ist, sondern mit dem, was andere beeinflussen kann.

Übung

Brainstorme über eine Sache, mit der du

- anfangen,
- weitermachen und
- aufhören kannst.

Ich möchte, dass du diese drei Sätze komplettierst:

1. Ich werde Folgendes anfangen zu tun ... *(Aktion)*, um ... *(Ergebnis)* zu erreichen, damit Folgendes passiert ... *(Grund)*.

2. Ich werde Folgendes weiterhin tun ... *(Aktion)*, um ... *(Ergebnis)* zu erreichen, damit Folgendes passiert ... *(Grund)*.

3. Ich werde Folgendes aufhören zu tun ... *(Aktion)*, um ... *(Ergebnis)* zu erreichen, damit Folgendes passiert ... *(Grund)*.

Damit ich dein Ergebnis nicht zu sehr beeinflusse, nehme ich ein Beispiel, das wahrscheinlich nicht so sehr auf ein virtuelles Team zutreffen wird. Tennis.

Ein professioneller Tennisspieler kann auch über drei Dinge nachdenken. Er kann etwas anfangen, aufhören und weitermachen und die folgenden drei Sätze aufschreiben.

1. Ich werde jeden Morgen vor dem Training anfangen, Intervalltrainings zu machen, um meine Sprintfähigkeit so zu verbessern, dass ich in 90 Prozent schneller am Netz bin als mein Gegner.

2. Ich werde während der Tennissaison aufhören, Alkohol zu trinken, um die Durchblutung und den Flow von Energie in meinem Körper zu verbessern, damit ich in der Lage bin, zwei anstrengende Spiele pro Woche über drei Stunden zu spielen.

3. Ich werde nach dem Training weiterhin eine Stunde pro Woche mit meinem Trainer-Team verbringen, um darüber zu reden, was schlecht und was gut gelaufen ist, damit wir wissen, wo wir stehen und wo ich mich verbessern kann.

Bitte beantworte jetzt die drei Fragen und trage deine Antworten in einen freien Teil deiner Flagge ein. Wenn du das hast, mach mit dem nächsten Abschnitt weiter – wir werden hier einmal über den Status quo sprechen müssen. Freu dich drauf.

6.9 Status quo

Wie ich bereits erwähnt habe, ist deine wahre Teamkultur nicht der tolle Slogan, den das Marketing auf der Website veröffentlicht hat.

Die wahre Teamkultur sind die ungeschriebenen Regeln und Normen, und deshalb ist es schwer, die wahre Teamkultur zu erfassen, unter der ein Team operiert.

Wenn du schon länger in einem Team arbeitest, dann bestimmen der tägliche Ablauf, die Routinen den Tag. Aber es sind die täglichen Dinge, die unsere Kultur definieren. Die Herausforderung ist, dass wir bestimmte Verhaltensweisen nicht mehr oder zumindest seltener hinterfragen: „Das haben wir immer schon so gemacht." – Hast du bestimmt schon einmal gehört.

Es ist wie ein Gemälde in deinem Wohnzimmer, dem du keine Aufmerksamkeit mehr schenkst. Doch wenn jemand zu Besuch kommt, wird er dir vielleicht ein Kompliment dafür machen. Und dann hast du es wieder vor deinen Augen.

Du siehst, wir müssen den Status quo analysieren.

Übung

In dieser Übung möchte ich, dass du abenteuerlustig bist und alles in Frage stellst. Schau dir die Welt an, als wärst du ein Entdecker, der einen einheimischen Stamm entdeckt hat, der nie Kontakt zu unserer Gesellschaft hatte.

Ich möchte, dass du dir die Dinge ansiehst, die du und das Team heute machen. Welche Rituale, Sanktionen, Belohnungen gibt es? Wie feierst du Geburtstage? Was passiert, wenn jemand eine Deadline verpasst? Wie kommuniziert ihr Neuigkeiten?

Hier ist also die Übung, in der du zum Entdecker deines eigenen Teams wirst. Stell dir vor, du trittst zum ersten Mal einem Team bei.

Was bemerkst du über

- Kommunikation?

- Umgang miteinander?

- Belohnungssystem?

- Konflikte?

Schreibe alles auf in einer Tabelle auf. Kleine und große Erkenntnisse, gut und schlecht.

Nimm dir für diese Aufgabe mindestens 15 Minuten Zeit. Nimm dir weitere fünf Minuten Zeit, um deine Erkenntnisse als Schlüsselwörter in deine Flagge einzutragen.

Wenn du diese Aufgabe mit deinem Team machst, gib ihnen 10 Minuten Zeit, um alleine daran zu arbeiten. Danach diskutiert ihr eure Ergebnisse und konsolidiert sie. Nehmt euch mindestens 50 Minuten Zeit für die Gruppendiskussion.

Nachdem du an dieser Aufgabe gearbeitet hast, kommen wir zu unserem letzten Schritt, dem Fertigstellen unserer Teamflagge. Da geht es darum, ein Ziel zu haben.

6.10 Was ist ein Team?

Eine der grundlegendsten und genauesten Definitionen eines Teams ist, dass ...

... ein Team eine Gruppe von Individuen ist, die zusammenarbeiten, um ein gemeinsames Ziel zu erreichen.

Andere Definitionen besagen außerdem, dass die Teammitglieder voneinander abhängig sein müssen, unterschiedliche Fähigkeiten haben, sich gegenseitig unterstützen und für die gemeinsame Leistung verantwortlich sind.

All dies ist richtig.

Ein Team braucht ein gemeinsames Ziel. Es ist zwingend notwendig, ein gemeinsames Ziel zu haben, sonst seid ihr nur eine Gruppe von Mitarbeitern ohne Ziel. Alle würden orientierungslos agieren.

Nehmen wir das Beispiel eines professionellen Tennisspielers. Er hat sich in Form gebracht, trinkt keinen Alkohol mehr und hat sich vorgenommen, das nächste Turnier zu gewinnen. Sein Doppelkamerad hingegen spielt Tennis, weil es seine Leidenschaft ist, aber hauptsächlich wegen dem Spaß, den er auf dem Tennisplatz verbringt. Er liebt es, den Ball zu schlagen. Laufen und Kämpfen ist nicht so sehr seine Leidenschaft. Und das ist für ihn in Ordnung, weil es ihm egal ist, auf welcher Position in der Tabelle das Team am Ende landet. Alles, was er will, ist eine gute Zeit haben und nach dem Spiel mit seinen Teamkollegen ein oder zwei Bier zu trinken.

Du kannst leicht erkennen, dass diese beiden Spieler es nicht leicht miteinander haben werden. Ihr einziges gemeinsames Ziel ist, dass sie zusammen Tennis spielen wollen, aber das ist zu weit gefasst. Es ist, als ob man sagen würde, dass ihr gemeinsames Ziel der Erfolg ist. Du musst deine Ziele genau definieren und du musst sicherstellen, was das gemeinsame Ziel deines Teams ist. Wenn ihr kein gemeinsames Ziel habt, seid ihr kein Team, sondern nur ein Haufen von Mitarbeitern, die zusammenarbeiten oder einen Ball über ein Netz hauen.

Du kannst ein Ziel gut mit der SMART-Methode definieren.

Spezifisch: was du konkret erreichen musst. Also zum Beispiel das Turnier zu gewinnen.

- **Messbar:** Wo in der Tabelle willst du enden? Wer Erster und wer Letzter ist, kann jeder sehen, egal, für welches Team er ist.

- **Ausführbar:** Du willst auch, dass dein Ziel erreichbar ist. Kommst du gerade aus der zweiten Liga oder gehörst du unter die Top 5. Wenn nicht, dann wirst du Enttäuschung und Entmutigung erleben. Habe realistische Ziele.

- **Relevant:** Wie passt das Ziel zu deinen Aufgaben? Schau dir noch einmal deinen Purpose an, den du in Kapitel 6.5 aufgeschrieben hast. Das Ziel muss für den Purpose deines Teams relevant sein.

- **Terminiert:** Um dein Ziel verfolgen zu können, muss es terminiert sein. Sag immer, wann du etwas erreichen willst. Willst du dieses Jahr die Meisterschaft gewinnen? Oder hast du vor, in die Entwicklung deines Teams zu investieren und mit ihnen in fünf Jahren Wimbledon zu gewinnen? Sei dir immer klar, bis wann du dein Ziel erreichen willst.

S	M	A	R	T
specific	measurable	attainable	relevant	time-bound

Übung

Du nimmst den letzten freien Teil in deiner Flagge und schreibst das gemeinsame Ziel deines Teams dort hinein.

Denke eine Minute lang darüber nach, wo du dein Team in Zukunft siehst. Dann nimm dir 5 Minuten Zeit und definiere das Ziel deines Teams mit der SMART-Methode.

Schritt 1

Stell dir das gemeinsame Ziel deines Teams vor.

In welche Richtung siehst du das Team in der Zukunft gehen?

Nimm dir 1 Minute Zeit, um deine Vorstellung von der Zukunft deines Teams aufzuschreiben.

Du hast deine Flagge für dein Team entworfen, um deine Teamkultur beeinflussen zu können und deinem Team zu helfen, sich in die richtige Richtung zu entwickeln. Teile jetzt deine Flagge mit deinen Mitarbeitern und motiviere sie, ihre Flagge ebenfalls zu teilen. Sucht nach Gemeinsamkeiten und sucht nach Unterschieden. Findet einen Konsens für die Normen und Verhaltensweisen für das ganze Team.

Die meisten Teams finden es einfacher, wenn der Moderator von außerhalb der Gruppe kommt, denn dann sind alle auf der gleichen Ebene. Das Team kann sich ganz auf die Gestaltung der Teamkultur konzentrieren und ein professioneller Moderator weiß wie man eine offene Atmosphäre schafft, die alle Teammitglieder darin unterstützt, frei zu denken und zu reden.

Schritt 2

Mache dein Ziel spezifisch, messbar, für dein Team ausführbar, relevant und lege den Termin fest, bis wann du es erreichen willst. Nimm dir 5 Minuten Zeit. Füge dein Ziel in einen Abschnitt deiner Flagge ein.

6.11 Dein Team ins Boot holen

Herzlichen Glückwunsch! Du hast deine Idee von einer Flagge für dein Team entworfen. Somit kannst du nun anfangen an deiner Teamkultur zu arbeiten und helfen, dass sich alles in die richtige Richtung entwickelt.

Aber das ist ja nur deine Sicht der Welt. Teile deine Flagge mit deinem Team und bitte sie, ihre Flagge ebenfalls zu zeigen. Sucht nach Gemeinsamkeiten, prüft die Unterschiede und findet einen Konsens: Welche Werte, Normen und Verhaltensweisen sind für euch notwendig und was ist absolut nicht akzeptabel? Denk daran, dass du einem Team keine Kultur aufzwingen kannst. Du hast eine Flagge erschaffen, und vielleicht liebst du deine Flagge wirklich sehr und vor allem für was es steht. Aber es halt nur deine Flagge.

Du musst dein Team ins Boot holen

Das funktioniert nur, wenn du mit ihnen zusammen an deiner Teamkultur arbeitest. **Deshalb kann ich nicht genug betonen, dass du all die hier beschriebenen Aktivitäten, mit deinem virtuellen Team durchführen musst.**

Wenn alle ihre Flaggen erstellt haben, kommt ihr in einem Workshop zusammen. Nehmt euch mindestens 45 Minuten Zeit und führt eine Diskussion darüber, was ihr behalten und verändern wollt. Einer von euch muss die Rolle des Moderators übernehmen. (Dazu ein Hinweis: Die meisten Teams finden es einfacher, wenn der Moderator von außerhalb der Gruppe kommt, denn dann kann jeder mitmachen. Die Gruppe kann sich ganz auf die Gestaltung der Teamkultur konzentrieren, und ein professioneller Moderator weiß, wie man eine offene Atmosphäre schafft, die die Leute darin unterstützt, frei zu denken und vor allem zu reden.)

Nachdem ihr euch gemeinsam für eine Teamkultur entschieden habt, werden wir uns als Nächstes ansehen, wie ihr eine Teamkultur fördern könnt. Wie ihr die physische Distanz überbrückt. Ich werde dir zeigen, wie du eine virtuelle Teamkultur etablieren kannst, um als ein motiviertes, engagiertes und erfolgreiches Team zusammenzuarbeiten.

  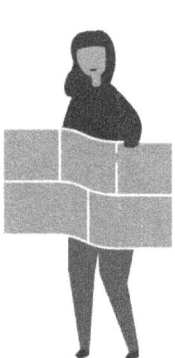

6.12 Die richtigen Menschen einstellen und behalten

In den nächsten Abschnitten zeige ich dir anhand von Beispielen aus dem echten Leben und leicht umsetzbaren Schritten, wie du die Teamkultur in einem virtuellen Team fördern kannst. Ich werde mich auf die einzigartigen Bedürfnisse von virtuellen Teams konzentrieren und dir Tipps geben, die du mit deinem virtuellen Team umsetzen kannst, um dein Team engagierter zu machen.

Denk daran, dass es keine „One fits all"-Lösung gibt. Menschen sind verschieden. Teams sind verschieden. Ich werde dir eine Menge verschiedener Tipps geben. Wähle die aus, von denen du denkst, dass sie am besten für dein Team funktionieren, und teste und wiederhole deine Aktionen immer wieder. Denk auch daran, dass Teams nicht eindimensional sind. Wenn du eine Sache änderst, hat das wahrscheinlich keinen signifikanten Einfluss darauf, wie sich deine Teamdynamik entwickelt. Du musst in verschiedenen Bereichen Anpassungen vornehmen, um etwas zu erreichen.

Unser erstes Beispiel dafür, wie du deine virtuelle Teamkultur fördern kannst, ist etwas, das du immer bedenken musst, wenn du mit einem Team arbeitest: die richtigen Mitarbeiter einzustellen und zu behalten.

Jede Organisation besteht aus zwei Hauptteilen. *Kultur und Menschen. Die beeinflussen sich gegenseitig.*

Die Menschen in einer Organisation bestimmen die Art der Kultur, die sie hat, und die Kultur bestimmt die Art der Menschen, die dazu passen. Eine großartige Organisation hat sowohl großartige Leute als auch eine großartige Kultur.

Menschen und Kultur hängen somit eng miteinander zusammen.

Die Menschen können ohne eine eigene gute Kultur nicht großartig sein, und die Kultur kann ohne tolle Menschen nicht gut sein. Versteh mich nicht falsch – wenn ich großartig sage, spreche ich nicht von einem Mitarbeiter als Privatperson. Ich spreche über die Person immer im Zusammenhang mit der Arbeit. Du musst also so einstellen, dass du immer die richtigen Mitarbeiter in der richtigen Position hast. Dann kannst du eine großartige Kultur aufrechterhalten. Man muss großartige Mitarbeiter haben. Das bedeutet:

Wenn du Mitarbeiter einstellst, solltest du es nicht allein wegen der Hard Skills tun.

Du musst immer so einstellen, dass die Mitarbeiter gut zu deiner Kultur passen. Frage dich stets: Will ich mit dieser Person auf täglicher Basis arbeiten? Wie würde diese Person unsere Kultur verbessern? Wie wird er oder sie sich einfügen und uns helfen, uns zu entwickeln? Die richtigen Leute einzustellen ist eine der wichtigsten Möglichkeiten, deine Teamkultur und damit deinen Teamerfolg zu fördern.

Gibt es noch mehr Schritte, die du unternehmen kannst, um deine virtuelle Teamkultur zu fördern? Ja, viele. In den nächsten Abschnitten teile ich mit dir weitere Tipps – aber die Liste ist keineswegs erschöpfend. Es gibt hunderte von Möglichkeiten, deine virtuelle Teamkultur zu fördern. Das, was du von mir hörst, ist auch nicht in einer besonderen Reihenfolge. Ich habe die Tipps ausgewählt, weil ich dafür gute Beispiele habe. Wähle immer die Werte, die zu deinem Team und deiner Firma passen, das ist der wichtigste Tipp, den ich dir geben kann.

6.13 Wie du Transparenz einführen kannst

Warum habe ich dir zuerst die Übungen gegeben, um deine Aussage zur Teamkultur Schritt für Schritt zu entwerfen, und zeige dir erst jetzt Beispiele, wie du verschiedene Werte im wirklichen Leben verwirklichen kannst? Weil ich nicht wollte, dass du die Werte einfach so übernimmst. Ich wollte, dass du dich nicht von irgendeinem Beispiel beeinflussen lasst, was die Werte und Verhaltensweisen angeht. Nur weil es schon da ist, klar definiert und einfach zu wählen. Also warum zeige ich dir jetzt die Beispiele? Damit du siehst, wie du deine Aussage zur Teamkultur in die Tat umsetzen kannst. Welche Schritte du unternehmen kannst, um es nicht nur zum schönen Plan zu machen, sondern ihn auch tatsächlich in die Tat umzusetzen.

Also lass uns zu einem Beispiel kommen: **Transparenz.**

Nehmen wir an, du hast als einen deiner Grundwerte gewählt,

transparent zu sein. Welche Handlungsschritte können wir jetzt unternehmen, um unsere Kulturerklärung zu verwirklichen? Wie wäre es mit einem Newsletter?

Das Management hält alle auf dem Laufenden mit wöchentlichen Newslettern über Verkaufsfortschritte, Neuigkeiten, Features, Probleme und Siege. Der Newsletter-Inhalt ist somit bereits konkret und interessant. Wir wollen transparent sein.

Du hast das Statement aufgeschrieben und möchtest jetzt in die Realisation gehen. Als Manager weißt du, dass du wöchentliche Newsletter verschicken musst, um die Leute auf dem Laufenden zu halten. Aber was sollst du in diesen Newslettern beinhalten? Frag dich nicht selbst: Ist es absolut notwendig, dass ich diese Informationen mit einem Team teile? Frag dich selbst: Ist es absolut notwendig, dass ich diese Informationen vor dem Team geheim halte? Und nachdem du dich das gefragt hast, füge alles hinzu, was du nicht unbedingt vor dem Team verbergen musst. Transparenz ermöglicht es deinem Team, sich zu engagieren. Das muss nicht ungefiltert sein. Wir haben alle Manieren. Es bedeutet, dass du den Mut hast, deine Ideen und Meinungen zu äußern, um sie offen zu diskutieren. Dies wird zu **gesunden Meinungsverschiedenheiten** führen.

Das ist ein Begriff, den Patrick Lindsay in seinem Bestseller Fünf Funktionsstörungen eines Teams verwendet. Eines der besten Bücher, um Teamdynamik zu verstehen. Gesunde Uneinigkeit ist absolut notwendig für ein funktionierendes Team. Transparenz kann Beziehungen entstehen lassen. Sie kann aber auch Ressentiments innerhalb der Kultur hervorrufen. Wenn du dir Transparenz wünschst, werden einige Mitarbeiter nicht in der Lage sein, mit diesem Grad an Ehrlichkeit umzugehen. Sie beginnen, das Feedback zu verinnerlichen, was ihre Fähigkeit, produktiv zu sein, einschränkt. Daher musst du den richtigen Grad an Transparenz für deine Firma und dein Team finden.

Du hast dich entschieden, in deinem virtuellen Team transparent zu sein. Aber was bedeutet das? Hier sind einige Handlungsschritte, die du auf deinem Weg, transparenter zu werden, umsetzen kannst: Du kannst z. B. tägliche oder wöchentliche Stand-ups mit dem gesamten Team durchführen. Versende Newsletter über die Entwicklung der Firma, den Verkauf, das Marketing, Neuigkeiten über das Gute und das Schlechte. Sag den Leuten zum Beispiel, ob du verfügbar oder ob du offline bist, um konzentriert zu arbeiten, aber auch wenn du dir freigenommen hast, um ins Fitnessstudio zu gehen. Vielleicht isst du gerade online zu Mittag, falls jemand mitmachen möchte.

Das funktioniert sowohl bei synchron als auch bei asynchron arbeitenden Teams. Bei asynchron arbeitenden Teams kannst du die Mitarbeiter zum Beispiel wissen lassen, dass du jetzt für dringende Fragen oder zum Brainstorming oder einfach nur zum Zeitvertreib zur Verfügung stehst, denn auch asynchron arbeitende Leute wollen nicht die ganze Zeit isoliert arbeiten. Benutze eine Kalenderfunktion, um zu wissen, wann bei deinen Kollegen ein Feiertag ist. Falls du sehr synchron arbeitest, lass deine Kollegen wissen, wann du Urlaub hast oder eine Auszeit oder einen Arztbesuch oder Ähnliches geplant hast.

Das sind meine Vorschläge, wie du Transparenz einführen kannst.

Im nächsten Abschnitt werde ich dir ein paar Beispiele geben, wie man Flexibilität leben kann.

6.14 So werdet ihr ein flexibleres Team

Ihr wollt ein flexibles Team sein? Toll, aber mach es nicht nur dann, wenn es gut für das Team ist. **Denkt an den Einzelnen.**

Hier ein Beispiel: Wenn du möchtest, dass jemand flexibel genug ist, um an einem Anruf teilzunehmen, obwohl es für diese Person schon weit nach der Schlafenszeit ist, dann ändere es das nächste Mal und leg den Anruf das nächste Mal auf eine andere Zeit.

Anderes Beispiel: Deine Mitarbeiterin muss sich den Morgen frei nehmen, weil sie die Katze zum Tierarzt bringen muss. Sie ist verantwortungsvoll genug, um ihre Projekte zu erledigen und in den Abendstunden daran zu arbeiten. Also lass sie gehen und gib ihr diese Flexibilität. Und wenn Meetings in verschiedenen Zeitzonen stattfinden müssen, dann rotiere die Zeit. Jeder sollte mal frühmorgens, mittags und spätabends an diesem Meeting teilnehmen können.

Einige Firmen sagen, dass sie so flexibel sind, dass sie nicht einmal mehr eine Begrenzung bei der Anzahl von freien Tagen haben. Die Teamkollegen können einfach so viele nehmen, wie sie wollen.

Das ist großartig ... wobei ... Eigentlich ist es gar nicht so toll. Untersuchungen haben gezeigt, dass in Firmen mit No-Limit-Politik die Leute tatsächlich weniger Urlaub nehmen als in Firmen ohne eine solche Regelung.

Das liegt am Gruppenzwang, denn niemand will die Person sein, die das Unternehmen ausnutzt. Niemand will der Faule sein, der immer frei macht. Also neigen die Leute dazu, weniger Urlaub zu nehmen. Flexibel zu sein bedeutet, dass man sich um seine Angestellten kümmern muss. Ermutige sie dazu, sich frei zu nehmen. Ermutige sie dazu, nicht an Feiertagen zu arbeiten und lass sie wissen, dass es in Ordnung ist, nach Feiertagen oder am Wochenende nicht verfügbar zu sein. Flexibles Arbeiten muss ein

Vorteil für das Unternehmen und den Angestellten sein. Sonst wirst du am Ende frustrierte, ausgebrannte Teamkollegen haben. Es liegt in der Verantwortung eines Teamleiters, zum Abheben zu ermutigen. Gehe mit gutem Beispiel voran. Nimm dir frei, wenn du krank bist, sei an den Wochenenden nicht immer online und lass dein Handy ein paar Tage im Urlaub ausgeschaltet. Gebt euch gegenseitig Feedback darüber, wie ihr euch fühlt, wenn ihr ständig online seid, und wie es läuft, wenn man ein paar Tage offline ist. Findet die Balance, die für das ganze Team am besten funktioniert.

6.15 Eine Feedback-Kultur einführen

Feedback ist genial.

Es hilft, Fehlentwicklungen frühzeitig zu stoppen und motiviert. Es führt zu neuen Ideen und es hilft dir, dich in dem, was du tust, zu verbessern.

Leider sind viele von uns nicht so gut darin, Feedback zu geben oder zu erhalten. Und virtuelle Teams müssen sehr bewusst Feedback geben, weil es einfach zu leicht ist, nichts zu sagen und sich hinter einem Bildschirm zu verstecken.

Kein Feedback zu geben kann viele Ursachen haben.

Die Mitarbeiter kümmert es nicht (was durch geringes Engagement zu erklären ist) oder sie erwarten sowieso nicht, dass sich etwas ändert, und behalten es deshalb für sich. Die Mitarbeiter sind vielleicht zu schüchtern oder sie denken sogar, dass es nicht angebracht oder erlaubt ist, Feedback zu geben. Wenn du willst, dass ein virtuelles Team eine Feedback-Kultur hat, musst du die Strukturen dafür schaffen.

Was kannst du also tun?

Zunächst einmal gib nicht nur Feedback, wenn etwas Schlimmes passiert ist, weise nicht nur auf Fehler hin. Es ist wichtig, dass du erkennst und anerkennst, wenn deine Mitarbeiter oder auch Kollegen etwas Gutes getan haben. Man darf auch Vorgesetzte loben.

Wenn du die Möglichkeit hast, positives Feedback zu geben, sollte es spezifisch sein, nicht nur: „Du hast gute Arbeit geleistet", sondern wie und warum du so denkst. Es ist wichtig, dass dein Mitarbeiter weiß, dass du seine Arbeit verstehst.

Kurz und gut, du strebst nach einer offenen und ehrlichen Kommunikation, die nicht stattfinden wird, wenn du keine offenen und ehrlichen Gespräche hast.

Anerkennung ist ein so starker Anreiz und sie ist kostenlos. Ich verstehe nicht, wie viele Führungskräfte dieses einfache und mächtige Tool ganz einfach außer Acht lassen können.

Negatives Feedback

Negatives Feedback virtuell zu geben ist schwieriger.

Niemand gibt gerne schlechte Nachrichten weiter und jeder neigt dazu, unangenehme Aufgaben aufzuschieben. Es muss aber getan werden. Und es gibt Wege, es für jeden einfacher zu machen:

- Beginne damit, das zu beschreiben, was du als das Problem und seine Konsequenzen siehst.

- Dann frage das Teammitglied nach seiner Sichtweise.

- Hör genau zu, es kann sein, dass dein Mitarbeiter einen Kontext liefert, dessen du dir nicht bewusst bist.

- Wenn er fertig ist, frag nach seinen Vorschlägen, um das Problem zu beheben.

Das Ziel ist es, deine Teammitglieder zu einem Teil der Lösung zu machen, anstatt nur ihre Entschuldigungen und Erklärungen entgegenzunehmen und dann deine Anweisungen zu erteilen.

Mach dies so kooperativ wie möglich.

Nun weißt du, wie man Feedback gibt. Die Frage nach dem Wann stellt sich also. Es braucht meines Erachtens eine Routine, eine Feedback-Struktur in deinem Team. In einem Team, das ganz schrecklich Feedback gegeben hat, habe ich eingeführt, dass wir uns alle jeden Freitag eine Stunde on screen zum Feedbackgeben virtuell getroffen haben. Am Anfang war das sehr, sehr holprig und kaum einer hat wirklich verwertbares Feedback gegeben. Du musst aber nur Geduld haben. Es dauert etwas. Irgendwann platzt der Knoten.

Du kannst auch monatliche Feedback-Anrufe zu einer regelmäßigen Sache machen. Du als Führungskraft hast mit jedem Mitarbeiter einmal im Monat einen Zoom Call, bei dem du darüber spricht, was gut läuft, wo du Schwierigkeiten siehst und wie du deinen Mitarbeiter dabei unterstützen kannst. Wie oben, wird es beim ersten Gespräch etwas steif, aber wenn alle wissen, dass das eine regelmäßige Sache ist und nicht geplant wurde, nur weil sie etwas Schlechtes getan haben, werden sie entspannt sein und sich öffnen. Vergiss nicht, nachzufassen. Wenn du gesagt hast, dass du ihnen bei einem bestimmten Problem hilfst und du es dann in der nächsten Woche völlig vergisst, werden sie das Vertrauen in dich und den Prozess verlieren. Deine Mitarbeiter werden denken, dass die ganze Sache nichts bringt, und die Motivation verlieren.

Aber nicht immer muss die Führungskraft der Ausganspunkt sein. Das Team kann auch etwas machen, um eine Feedback-Kultur zu etablieren. Feedback Freitag. Jeden Freitag benennt jeder einen Teamkollegen, der in den letzten sieben Tagen etwas Gutes getan hat. Und zwar entweder für einen Kollegen oder für das Projekt oder für die Firma. Dann gib er Feedback, was er oder sie getan hat. Man kann das Ganze sogar noch etwas aufpeppen und eine Bestenliste führen. Wenn jemand 10 Mal gutes Feedback bekommen hat, dann gibt es ein kleines Geschenk. Du hast dann auch den Mitarbeiter des Monats – es fühlt sich besser an, als wenn du den bestimmst.

Der nächste Abschnitt behandelt nochmals die Mitarbeiterkultur und wie du deine virtuelle Teamkultur in die Tat umsetzen kannst. Freu dich drauf.

6.16 Nie stillstehen

Schau immer wieder vorbei und überprüfe die Teamkultur regelmäßig.

Eine Teamkultur aufzubauen braucht Zeit und Energie und das passiert nicht einfach so. Eine großartige Teamkultur ist ständige Arbeit, denn so wie sich ein Team entwickelt, so entwickelt sich auch seine Kultur. Jedes Mal, wenn ein Teammitglied aussteigt oder ein neues Mitglied hinzukommt, bringt das eine völlig neue Dynamik mit sich. Bruce Tuckmann hat diese Dynamik in Phasen unterteilt, die es ganz gut treffen: Forming, Storming, Norming, Performing sowie Adjourning & Transforming.

Forming

Forming ist die Anfangsphase des Teambuildings, in der die einzelnen Personen voneinander und von den Anforderungen an das Team sowie von den Herausforderungen, Erwartungen und der Organisationsstruktur des Teams erfahren.

Dies ist auch die Phase der Informationsbeschaffung und Sondierung.

Wenn du jemals frisch zu einem Team gestoßen bist oder damit beauftragt warst, ein Team zu bilden, dann bist du mit dieser Phase ganz sicher vertraut. In dieser Phase gehen alle Teilnehmer in der Regel respektvoll und vorsichtig miteinander um. Man kennt sich ja noch nicht und hat seine eigene Position im Team noch nicht gefunden.

Storming

Jetzt kommt Spaß auf. Jeder hat eigene Ideen und will diese natürlich umgesetzt wissen. Von „Team" kann hier noch keine Rede sein. Es wird debattiert, kritisiert und konfrontiert. Jeder weiß es irgendwie besser.

Ich wunder mich immer wieder, dass man diese Phase nicht auslassen kann. Sogar ertappe ich mich selbst immer wieder in dieser Situation, obwohl ich es doch besser wissen sollte. Diese Phase kann sehr ungemütlich sein, ist aber für das Wachstum und die Entwicklung des Teams sehr wichtig. Gewöhnlich bekommen Teams ernsthafte Probleme, wenn sie diese Phase nicht verlassen können. Die gesamte Beziehung wird sehr angespannt und für alle schwierig. Das Teambuilding stockt dann.

Norming

Norming ist die Phase, in der das Teambuilding wirklich beginnt. Hier fängt das Team an zu funktionieren und zusammenzuarbeiten. Die Einzelnen beginnen, die Arbeitsgewohnheiten und die Wertvorstellungen der anderen zu verstehen, und alles erscheint viel natürlicher. Verantwortung und Rollen werden viel klarer definiert, Erwartungen werden gestellt, und die Zusammenarbeit ist in vollem Gange. Die meisten Menschen sind mit dieser Phase des Teambuildings vertraut, und oft sprechen wir davon, dass sie mit sich im Reinen sind.

Performing

Nicht alle Teams erreichen diese Phase. Bisher war alles Pflicht, doch nun kommt die Kür. Denn die Teams, die diese Performing-Phase erreichen, sind die leistungsstarken Teams, die in ihrer Arbeit sowohl sachkundig als auch effizient geworden sind. Die Kontrolle geht zurück, da Einzelpersonen nun in der Lage sind, angemessene Entscheidungen zu treffen. Auch fangen alle an, den Mitgliedern ihres Teams wirklich konstruktiv Feedback zu geben. Dies ist im Wesentlichen der Punkt, an dem dein Team wirklich beginnt zu glänzen und herausragende Ergebnisse zu liefern.

Meiner Erfahrung nach braucht ein solches Teambuilding, bis wir von Performing sprechen können, wenigstens ein Jahr intensive Arbeit aller.

Adjourning & Transforming

Adjourning & Transforming sind zwei zusätzliche Phasen, die Tuckmann später zu seiner Teamentwicklung hinzufügte. Manchmal kann es sein, dass sich das Team nach Abschluss der Aufgabe auflöst (Adjourning). Transformieren bedeutet, dass sich das Team nicht auflöst, sondern sich stattdessen anderen Aufgaben und Zielen zuwendet.

Auflösung kommt wohl mehr im Projekt oder bei einer Reorganisation zum Tragen – Transformation hingegen ist die normale Entwicklung eines Teams über Jahre. Es verlassen Menschen das Team und es kommen neue hinzu. Dann werden immer wieder die Phasen neu durchlaufen. Manchmal schneller, manchmal langsamer.

Ich finde die Phasen der Teamentwicklung auch heute, mehr als

55 Jahre nach ihrer Entwicklung, nach wie vor äußerst relevant. Wie erwähnt, können diese Phasen zyklisch verlaufen, sobald Veränderungen eintreten wie z. B. die Einführung eines neuen Teammitglieds oder die Änderung einer anderen Teamvariablen.

Investiere in das Team Fundament. Das wird dir Zeit zu sparen, indem du nicht immer wieder die Storming- und Norming-Phasen durchlaufen musst. Entwickle und vor allem pflege deine Teamkultur. Wann immer ein Teammitglied deines virtuellen Teams das Team verlässt oder zum Team stößt, musst du nicht bei null anfangen, sondern überprüfen, ob du immer noch mit den Werten, Gewohnheiten und Verhaltensweisen im Einklang bist. Das solltest du ohnehin regelmäßig tun. Alle drei bis sechs Monate ist ein guter Zeitrahmen.

Das muss nicht lange dauern. 30 Minuten mit deinem Team, um zu sehen, was gut läuft und was aufhören muss und was geändert oder hinzugefügt werden kann. Denk immer daran, dass die Kultur nicht in Stein gemeißelt ist. Sie entwickelt sich ständig weiter.

6.17 Herzlichen Glückwunsch

Herzlichen Glückwunsch, du hast erfolgreich deine ideale Teamkultur entworfen. Mit diesem Buch hast du bereits den größten Schritt in die richtige Richtung gemacht. Viele Remote-Führungskräfte vernachlässigen die Tatsache, dass auch virtuelle Mitarbeiter Zeit und Raum brauchen, um Beziehungen aufzubauen. Nur so werden sie ein Team formen, damit sie effizient und effektiv zusammenarbeiten können. Nun hast du alle Methoden und Techniken, die du brauchst, um mit deinem Team eine High Performance Kultur aufzubauen. Du weißt, wie man ein Team motiviert eine Kultur aufzubauen, die es euch ermöglicht, erfolgreich zusammenzuarbeiten.

Lass mich noch einmal alles zusammenfassen:

1. Fang damit an, den Purpose deines Teams zu definieren. Welchen Service oder welches Produkt lieferst du und für wen? Was ist der Beitrag deines Teams für den Endnutzer, den niemand sonst so gut leisten kann? Der Purpose deines Teams beantwortet die Frage, warum du tust, was du tust, und er muss mit deiner Teamkultur übereinstimmen. Denn die Teamkultur beantwortet die Frage, wie du das tust, was du tust.

2. Um eine erfolgreiche Teamkultur zu etablieren, musst du analysieren, wer die Individuen innerhalb des Teams sind. Frag alle, welchen Beitrag sie für das Team leisten. Als Nächstes analysierst du, welchen Einfluss jeder auf das Team hat und haben will. Wenn du dir die Verhaltensweisen, die die Mitarbeiter mögen und nicht mögen, genau anschaust, wird klarer, welche Art von Verhalten und Werten sich in deiner virtuellen Teamkultur etablieren wird.

3. Achte auf die Bedürfnisse deiner Mitarbeiter und darauf, welche Art von Handlungen sie mögen und welche sie nicht mögen. Die zugrunde liegenden Regeln deines Teams zu finden, ist

wahrscheinlich die schwierigste und längste Aufgabe, aber meistens eine der wichtigsten. Deine offizielle Teamkultur steht auf deiner Website. Doch deine inoffizielle Teamkultur ist diejenige, die darüber entscheidet, ob du erfolgreich bist oder nicht. Also ist es deine Aufgabe, ein Forscher zu sein.

4. Mach mit deinem Team einen Workshop, in dem ihr als Ethnografen fungiert. Anschließend diskutierst du darüber, welche eurer Erkenntnisse ihr behalten, verändern oder loswerden wollt.

5. Du hast Verhaltensweisen, Werte und Erwartungen identifiziert, die du mit deinem Team teilst. Jetzt ist es an der Zeit, die Normen und Regeln auszuwählen, nach denen ihr als Team arbeiten wollt.

6. Ihr schließt den Prozess mit einem Blick in die Zukunft ab und definiert mit eurem Team euer gemeinsames Ziel. Die richtige Definition gibt deinem Team Klarheit, eine Vision und den Motivationsschub, sich für das Team und das Unternehmen einzusetzen.

7. Am Schluss haben wir uns die verschiedenen Möglichkeiten angesehen, wie du deine Teamkultur etablieren kannst. Dabei gibt es unzählige Möglichkeiten, wie du deine Teamkultur fördern kannst.

Was wirst du als Nächstes tun? Und was wirst du verändern?

Virtuelle Teams können genauso erfolgreich sein wie Vor-Ort-Teams. Ich wage die Behauptung aufzustellen, dass sie sogar noch erfolgreicher sein können. Aber virtuelle Teams müssen mehr als Standard-Teams ganz bewusst eine erfolgreiche Teamkultur schaffen. Absicht ist das Zauberwort. Alle müssen absichtlich Kontakte knüpfen, sich absichtlich kennen lernen wollen und absichtlich eine effektive Kommunikation und Zusammenarbeit aufbauen.

Ich gratuliere dir, dass du diesen Schritt gemacht hast und absichtlich deine eigene und erfolgreiche virtuelle Teamkultur geschaffen hast. Eines der besten Dinge beim Aufbau einer positiven Kultur ist, dass dies mit jedem Budget, in jeder Unternehmensgröße und in jeder Branche möglich ist.

Alles, was du jetzt tun musst, ist deinem Team den Raum und die Zeit zu geben, diese ideale Teamkultur zu entwerfen. Baue die Strukturen auf, die dein Team gedeihen lassen und vergiss nie, dass du eine Kultur nicht alleine aufbauen kannst. Hol dein Team an Bord und gestaltet gemeinsam eure zukünftige virtuelle Teamkultur.

Vereinbare ein Online-Meeting mit deinem Team, um deine erfolgreiche Teamkultur zu entwerfen.

Schlusswort

Anfang 2020 gab es so etwas wie „soziale Distanzierung" noch nicht. Und nur wenige Menschen konnten sich vorstellen, Monate isoliert zu Hause zu verbringen. Heute haben diese Veränderungen die Art und Weise, wie wir soziale Kontakte pflegen, wie wir unsere Zeit verbringen, Technologie nutzen und natürlich auch arbeiten, komplett verändert. Wir können gar nicht anders, als uns zu fragen, was jetzt passiert.

Das gilt besonders für Führungskräfte, die sich mit der monumentalen Aufgabe auseinandersetzen müssen, Unternehmen und Belegschaften voranzubringen. Anfangs ging es darum, den Betrieb am Laufen zu halten. Doch nun müssen wir endlich wieder unseren Fokus auf Innovation und Wachstum richten.

Es wird nur alles ein wenig anders aussehen als das, was wir Anfang 2020 erwartet haben. Arbeit wurde oft mit Anwesenheit assoziiert – Home-Office war ein selten geduldetes Übel. Doch Remote Work hat unsere Arbeitswelt aufgewühlt. Die Büchse der Pandora, die in diesem Fall flexible Arbeitsoptionen ermöglicht, ist geöffnet.

Dieser Wandel wird nicht über Nacht geschehen. Es gibt immer noch viel Arbeit, die getan werden muss, um die Herausforderungen anzugehen und Remote-Arbeitserfahrungen genauso produktiv zu machen – wenn nicht sogar besser – als die im Büro.

www.ingramcontent.com/pod-product-compliance
Lightning Source LLC
Chambersburg PA
CBHW071357210526
45465CB00001B/131